编委会

主　编：赵鸭桥　王　奇　周　铝
副主编：李学坤　赵　梅　金　璟

乌蒙山区

国土开发扶贫的模式与机制研究

赵鸭桥　王　奇　周　铝　主编

云南大学出版社
YUNNAN UNIVERSITY PRESS

图书在版编目（CIP）数据

乌蒙山区国土开发扶贫的模式与机制研究 / 赵鸭桥，王奇，周铝主编. -- 昆明 : 云南大学出版社，2018
ISBN 978-7-5482-3223-0

Ⅰ. ①乌… Ⅱ. ①赵… ②王… ③周… Ⅲ. ①国土资源—资源开发—扶贫—研究—西南地区 Ⅳ. ①F129.97 ②F127.7

中国版本图书馆CIP数据核字（2017）第324157号

策划编辑： 段 然
责任编辑： 陈 曦
装帧设计： 刘 雨

乌蒙山区
国土开发扶贫的模式与机制研究

WUMENG SHANQU GUOTU KAIFA FUPIN DE MOSHI YU JIZHI YANJIU

赵鸭桥 王 奇 周 铝 主编

出版发行： 云南大学出版社
印　　装： 昆明理煜印务有限公司
开　　本： 787mm×1092mm 1/16
印　　张： 11.5
字　　数： 212千
版　　次： 2021年4月第1版
印　　次： 2021年4月第1次印刷
书　　号： ISBN 978-7-5482-3223-0
定　　价： 40.00元

社　　址： 云南省昆明市一二一大街182号（云南大学东陆校区英华园内）
邮　　编： 650091
电　　话：（0871）65033244 65033307
网　　址： http://www. ynup. com
E-mail： market@ynup. com

前　言

根据《中国农村扶贫开发纲要（2011—2020 年）》的部署，按照“集中连片，突出重点，全国统筹，区划完整”的原则，国家在全国共划分了六盘山区、秦巴山区、武陵山区、乌蒙山区、滇桂黔石漠化区、滇西边境山区、大兴安岭南麓山区、燕山—太行山区、吕梁山区、大别山区、罗霄山区、西藏、四省藏区和新疆南疆三地州共 14 个片区作为脱贫攻坚的主战场。党的十八大明确提出了到 2020 年要在中国消灭贫困并实现全面建成小康社会的目标，同时提出了精准扶贫的概念与战略，即：扶贫对象精准、项目安排精准、资金使用精准、措施到户精准、因村派人精准和脱贫成效精准。党的十九大进一步要求要打好脱贫攻坚的战役，确保到 2020 年实现精准脱贫，实现中国共产党和中国政府对世界的庄严承诺。自然资源部（原国土部）长期以来协调并联系乌蒙山区的脱贫攻坚工作，并根据部门自身的工作特点和优势，积极试验和示范了一系列扶贫攻坚措施，取得了较好的成效，较好地推动了乌蒙山区的精准脱贫工作。

国土开发是伴随着人类的发展，为满足人类的经济再生产和自身再生产而进行的长期持续的活动，土地开发是国土开发的核心。随着人类活动的加剧，由于人类发展过程中对自然资源的过度使用，出现了自然资源约束趋紧的局面，为了协调保护与发展的矛盾，为了实现土地资源及人类自身的可持续发展，国土开发和保护成为了各国经济社会发展的基础和约束条件。

我国将国土空间分为城市化地区、农业地区和生态地区，明确了六个新的国土开发理念：根据自然条件适宜性开发的理念、区分主体功能开发的理念、根据资源环境承载能力开发的理念、控制开发强度的开发理念、调整空间结构的开发理念和提供生态产品的开发理念。同时确定了五个国土开发的原则：优化结构、保护自然、集约开发、协调开发和陆海统筹。

乌蒙山区国土开发扶贫，就是由原国土部统一协调的、在乌蒙山区实施的，通过国土开发技术的研究、创新和实验，形成国土开发科技扶贫的技术和方法，明晰农户之间的土地界限、提高贫困村庄土地的生产力、促进贫困农户土地的增值、增加贫困农户的土地资产，从而促进贫困农户的农业增产增收和可持续发展能力的提高，促进贫困地区农业产业的转型升级，再辅以国土资源的政策红利，实现乌蒙山区贫困农户精准脱贫的一种精准扶贫模式。乌蒙山区国土开发扶贫具体的内容：一是实施用地指标倾斜，保障乌蒙山区经济发展与脱贫攻坚的用地需求；二是开展土地综合整治，改善乌蒙山区农村生产、生活和生态环境条件；三是加强矿产资源勘察开发和综合利用，促进乌蒙山区自然资源优势转化为经济优势；四是有效防治地质灾害，保障乌蒙山区贫困群众的生命财产安全；五是指导地质环境保护和开发利用，促进乌蒙山区地质旅游资源的开发利用；六是支持国土资源管理改革试点工作，为乌蒙山区经济发展与脱贫攻坚提供强有力的政策支持；七是实施干部双向挂职交流，为乌蒙山区脱贫攻坚提供人才支撑。

乌蒙山区国土开发扶贫完成的主要工作：一是积极探索创新，强化土地管理政策扶贫。根据第二次全国土地调查及最新年度变更调查成果，尽快完成土地利用总体规划调整完善工作。综合考虑乌蒙山区资源环境承载能力、经济社会发展水平和规划剩余空间情况，在建设用地规模不增加、基本农田和耕地保有量不减少的前提下，统筹安排各市、县、乡级规划建设用地规模、布局和时序，优化建设用地比例结构，调整重大工程和重大项目，促进区域和城乡均衡发展。考虑“调结构、转方式、保民生、促发展”的项目用地需求，在编制下达全国土地利用计划时，合理安排乌蒙山区新增建设用地计划指标。根据国家扶贫开发的有关要求，对片区县专项安排新增建设用地指标，支持新农村建设和扶贫开发。对乌蒙山区重大建设项目用地在计划指标安排上给予适当倾斜。切实发挥城乡建设用地增减挂钩对扶贫开发的支持作用。对《中国农村扶贫开发纲要（2011—2020年）》确定的连片特困地区，在优先保障本县域范围内农民安置和生产发展用地的前提下，可将部分结余指标在省域范围内挂钩使用。支持乌蒙山区大力开展土地整治及高标准基本农田建设。大力推进片区农用地整治，加大资金投入力度，增加有效耕地面积，提高耕地质量，支持自然灾害损毁耕地的土地复垦工作。加大力度，支持在25度以上非基本农田的坡耕地实施新一轮生态退耕还林、还草。新增建设的占用25度以上的已列入经批准的生态退耕计划的坡耕地，不计入耕地占补平衡面积。结合土地利用总体规划调整完善工作，推进草海高原湿地抢救性保护，实施退耕还湖。

二是大力开展土地整治技术的研究，优化贫困农户的土地资源。

通过土地整治项目和权属划分，使土地变为贫困农户最值钱的资产。通过土地流转，引导贫困村将集体资产入股，引导贫困户将承包土地和个人财产入股，采取委托经营、合作经营等方式，确保贫困村和贫困户多渠道增收，以此增加贫困农户资产。贫困农户把土地交与村委会托管，而村委会认真经营，公开土地流转，让有实力的企业、大户承租土地，从事种植、养殖、苗木等生产，这样，不仅村集体有了稳定收入来源，而且能让贫困户优先到农业企业务工，实现快速脱贫。在不改变用途的情况下，财政专项土地扶贫资金和其他涉农资金投入设施农业、养殖、光伏、水电、乡村旅游等项目形成的资产，具备条件的可折股量化给贫困村和贫困户，尤其是丧失劳动能力的贫困户，此途径也大大增加了贫困农户的资产。支持农民合作社和其他经营主体通过土地托管、牲畜托养，带动贫困户增收。另外，大多数贫困地区水电、矿产资源富集，资源开发项目较多，企业在资源开发过程中征占了土地，土地补偿费也可以折股量化。设立集体股权，并按股权比例逐年分配项目收益。

三是实施土地利用分区评价，科学配置贫困地区产业。实行土地利用分区是协调解决区域发展和资源环境矛盾的必然要求。乌蒙山区人口众多，人均土地特别是人均耕地少，耕地后备资源严重不足，同时，乌蒙山区正处在工业化、城镇化加快发展的进程中，对土地的需求十分强烈。各地区由于自然条件不同、经济社会发展状况和所处的发展阶段也不一样，发展过程中面临的各种资源环境问题，尤其是土地利用问题呈现出不同的情况和特点。要解决好这些问题，必须跳出局部地域空间视角，要从全局出发，着力解决区域性问题，促进区域经济、产业、人口发展与土地利用相协调。

四是推进“五规合一”研究，增强贫困地区发展的严肃性和连续性。“五规合一”以促进经济、社会、环境的高效、协调、可持续发展为主旨，以空间资源综合配置为目的，具有协调性、全域性、空间性和实施性。通过乌蒙山区“五规合一”实施方案，推动经济社会发展规划、产业发展规划、城市总体规划、土地利用总体规划以及人口与环境保护规划在时间和空间上的协调、融合，整合规划资源，促进空间协调、项目落地、调控统一，充分发挥规划实施方案的宏观作用，促进乌蒙山区区域的全面跨越式发展。基于长期发展的潜力研究，密切“五规”部门的相互协调，注重方案在近期的实施落实。通过系统梳理五年经济社会发展中的经济增长、产业提升、城镇建设、耕地保护、人口布局与环境保护等核心要素，在经济社会发展总目标的引领下进行要素整合，统筹考虑，合理布局全区内的空间资源，并将其作为政府行为和市场化投资建设的管理依据，作为产业布局和重大项目审批的基础平台。

五是完善土地开发利用决策支持系统，提升贫困农户土地利用的科学化水平。土地开发利用决策支持系统是研究土地资源管理中各种信息的获取、分析、处理、存贮与表达，并为土地管理提供决策依据的现代信息技术，具有多学科综合集成性、空间性、动态性、开放性和实用性等特征。土地开发利用决策支持系统是国土科技扶贫建设的重要内容，是加强乌蒙山区国土资源数据挖掘与分析能力的重要辅助手段，也是体现乌蒙山区国土资源信息化水平的重要窗口；为解决现有基础数据难于满足系统建设的要求的问题，应建设数据平台，并且引入相关数据作为数据支持。土地开发利用决策支持系统的关键是国土资源决策模型。通过努力提高土地利用动态监测数据成果的信息化服务水平，在土地利用规划、评价和开发整理中应用信息技术，并将研究成果集成示范，以提高乌蒙山区贫困农户利用土地，提升土地使用效率的能力。

六是实施国土科技的技术集成应用，总结国土科技支持精准扶贫的示范性成果。坚持将土地利用的最新成果运用于乌蒙山区，坚持以科技创新、成果转化、应用示范、科技服务、产业发展、人才培养为特色的国土科技扶贫模式，根据国土整治的成果，引导贫困村发展科技特色产业；结合技术集成运用，加强科技对口扶贫示范；完善国土科技扶贫信息网络，全面提高扶贫的精准性。全面整合科技资源、充分发挥科技支持作用，大幅提高乌蒙山区自我发展能力，切实增加贫困村和贫困人口收入，改善发展环境，促进乌蒙山区实现脱贫。

本研究在精准扶贫即将收官之时完成，其目的一是认真梳理和总结长期以来国土开发扶贫的做法、成效、模式和创新点，使这些有效的精准扶贫模式能够在更大的范围内得到应用；二是提前谋划在精准扶贫时代之后，通过乡村振兴来巩固乌蒙山区精准扶贫的成果，确保乌蒙山区农业农村的可持续发展。

本研究的基本思路是：首先，将乌蒙山区视为一个整体，分析整个片区的贫困现状、贫困特点和致贫原因；其次，总结分析过去在该片区的扶贫措施及其成效和不足；最后，以乌蒙山区的云南片区为重点，着重分析总结国土开发扶贫的做法、成效、存在问题及模式，然后从可持续发展的机制和政策方面提出相应的建议。同时，为了使分析更加深入，我们以寻甸县为例进行定量分析，从量的角度分析精准扶贫的成效。在此基础上，我们进一步选择以村为单位的不同案例，重点分析对贫困农户家庭的变化、个人的感受和评价，尤其注重贫困农户资源和资产的增加、生计方式的转变、自我发展能力的提高等方面的研究。

目　　录

第一章 概 述

第一节 研究背景

一、研究区现状

（一）自然状况

乌蒙山区位于云贵高原与四川盆地结合部，山高谷深，地势陡峻，为典型的高原山地构造地形，自然景观雄奇壮丽，以喀斯特遗迹和地貌为主要景观特色，是我国“天然喀斯特地貌博物馆”，地质大部分由上古生界的石灰岩组成，境内残丘峰林、溶蚀洼地、石灰岩溶蚀盆地、灰岩槽状谷地、溶洞、地下河广布。乌蒙山脉长250千米，由云南延伸入贵州，绵延于威宁、赫章等地，是牛栏江、横江与北盘江、乌江的分水岭。海拔一般为2000～2600米，平均海拔约2080米。位于东南支山脉西北端的韭菜坪，海拔2900米，是乌蒙山的最高峰，也是贵州省海拔最高的山峰。乌蒙山区有坦荡的夷平面和宽阔的盆地、湖泊（俗称海子）散布。威宁盆地是乌蒙山区最大的盆地，草海是乌蒙山区著名的湖泊。

乌蒙山区属亚热带、暖温带高原季风气候，降水时空分布不均。乌蒙山阻挡了沿四川盆地南缘或贵州高原斜坡向西、向南推进的冬季寒风，北下的冷空气和南上的暖湿气流在这里交汇，形成独特的“静止锋”气候，雾霭蒸腾，阴雨轻飞，导致境内农业呈现立体分布：低热河谷产水稻、甘蔗、橘子、花生等；温暖的平坝和半山区产包谷、小麦、蚕豆等；高寒山区产洋芋、燕麦等。

乌蒙山区跨越珠江和长江两大流域，境内河流纵横，区域内金沙江、岷江、赤水河、乌江等长江水系发达，拥有南盘江和北盘江两大重要河流，乌蒙山区境内的这些大江大河水能资源蕴藏量巨大。

乌蒙山区矿产资源富集，蕴藏有煤、磷、铝、锰、铁、铅、锌、硫等矿产资源。区域内生物多样性突显，且植被类型多样，森林覆盖率为38.1%，乌蒙山区处于长江、珠江上游，是重要的生态保护区，是古“南丝绸之路”要冲，是连接长江经济带和成渝经济区的重要门户，素有“咽喉西蜀、锁钥南滇”、云南“北大门”之称。是国家确定的能源基地、清洁载能基地、重化工基地、有色金属及新材料基地等重点基地。

乌蒙山区文化底蕴深厚，民族风情古朴浓郁，拥有悠久的历史文化、红色文化、矿业文化、古城文化、少数民族习俗和中国传统山水文化，具有独特的科学价值和自然人文价值。

乌蒙山特殊的地形地貌及悠久的历史文化，形成了一些特色的旅游景区，主要包括北盘江峡谷和碧云洞溶洞群两个园区及韭菜坪、金盆天生桥、阿勒河、盘县三叠纪古生物化石群落、盘县大洞古人类遗址等五个特色景区。

（二）经济发展

截至2015年，乌蒙山区38个贫困县GDP总量为3423.87亿元。其中，贵州片区GDP总量为1608.34亿元，是云贵川三大片区中GDP总量最大的区域，占47%；云南片区GDP总量为1233.35亿元，占36%；四川片区GDP总量为582.18亿元，占17%。

第一产业总值为795.65亿元，其中：贵州片区为368.09亿元，占比最大，达46.26%；云南片区为285.55亿元，占35.89%；四川片区为142.01亿元，占17.85%。

第二产业总值为1335.25亿元，其中：贵州片区为602.95亿元，占比最大，达45.16%；云南片区为458.81亿元，占34.36%；四川片区为273.49亿元，占20.48%。

第三产业总值为1292.93亿元，其中：贵州片区为637.31亿元，占比最大，达49.29%；云南片区为488.94亿元，占37.82%；四川片区为166.68亿元，占12.90%。

（三）国土面积

乌蒙山区国土面积总计10.74万平方千米，其中，云南片区为45744.73平方千米，占云南省国土面积的11.55%；四川片区为29375.56平方千米，占四川省国土面积的6.07%；贵州片区为32291.21平方千米，占贵州省国土面积的 18.33%。

（四）人口情况

截至 2015 年，乌蒙山区总人口数量为 1968.92 万人。其中云南片区 876.94 万人，约占乌蒙山区总人口的 44.54%，约占云南省总人口的 19.60%；贵州片区人口约 732.68 万人，占乌蒙山区总人口的 37.21%，占贵州省总人口的 20.76%；四川片区人口约 359.30 万人，占乌蒙山区总人口的 18.25%，占四川省总人口的 4.38%。

二、问 题

（一）人地关系矛盾突出，贫困程度深

乌蒙山区生态环境脆弱，人均耕地少，适农适牧土地产出低。干旱、洪涝、风雹、凝冻、低温冷害、滑坡、泥石流等自然灾害频发。区域内石漠化明显，16%的国土面积石漠化，坡耕地比重大，耕地大多是 25 度以上的坡耕地。由于土壤瘠薄，水土流失严重，加之人口增长较快，人口密度大，人地矛盾尖锐。2015 年底，贫困发生率高达 12.9%，比全国高出 10.1 个百分点，比西部地区高出 6.8 个百分点。乌蒙山区 38 个县（市、区）中有 32 个国家扶贫开发工作重点县，6 个省重点县。贫困群众住房困难突出，茅草房、石板房比例高。

（二）经济发展滞后，社会发育程度低

2015 年，乌蒙山区人均地区生产总值和人均地方一般财政预算收入仅相当于全国平均水平的 24.2% 和 7.5%；城镇居民年人均可支配收入和农村居民年人均纯收入仅相当于全国平均水平的 67.7% 和 54.9%。城镇化率仅为 24%，不到全国平均水平的一半。群众生育观念落后，新生儿缺陷多发。人均受教育年限相对较低，比全国平均水平低 2 年左右，部分群众市场意识不足，生产经营方式落后，区域内由于耕地细碎，难以形成规模化生产。人畜混居现象严重，环境卫生较差，地方病严重，社会发育程度相对较低。

（三）基础设施薄弱，基本公共服务不足

片区内交通主干道网络尚未形成，道路等级低，截至 2015 年，15.1% 的乡镇不通沥青（水泥）路，76.8% 的行政村不通沥青（水泥）路，31.3% 的

行政村不通公路。完成农网改造的行政村占比只有62%，还有38%的行政村未完成农网改造，9%的自然村甚至还没有通上电。水利设施薄弱，山高谷深的地理环境，使工程性缺水问题尤为突出，基本农田有效灌溉面积仅为47.2%，32%的农户还存在饮水困难。师资力量不足，教育基础设施落后。医疗卫生条件差，妇幼保健力量弱。人均教育、卫生支出仅相当于全国平均水平的52%。科技服务推广体系不完善，农业科技成果转化和应用水平低。

(四) 产业发展滞后，市场体系不完善

乌蒙山区具有较好的资源优势，但没有将资源优势转化为产业优势，区域内缺乏大的产业支撑，县域经济发展相对滞后。种植业和养殖业均存在规模小、发展慢、效益差、组织化程度低，缺乏有带动能力的龙头企业和基地等问题，使得农民从种养业获得的经济收入较低。二、三产业发展相对落后落后，一二、三产融合不够。市场主体发育不足，市场网点分布不均，布局不完善，市场体系不健全。仓储、包装、运输等物流设施落后，运输成本较高。市场环境和交易条件差，市场管理与服务水平低。

三、目的与意义

本课题将通过研究乌蒙山区在工业化、城市化及农业现代化背景下的新型"人—地—生态环境"关系，发现乌蒙山区当前土地利用的挑战和机遇；通过总结乌蒙山区长期以来扶贫开发的实践，认识该地区扶贫开发的有效经验和目前存在问题；通过调查乌蒙山区贫困农户的发展需求和愿望，了解土地开发对脱贫致富工作的作用；通过跟踪国土开发技术创新扶贫实验的全过程，提出国土开发扶贫的技术、方法和模式，提出国土开发扶贫的创新模式和机制，从而为乌蒙山区乃至全国的可持续的扶贫开发工作提供有效经验。本课题还将创造性地提出一种政府工作人员、科研技术人员、政策研究人员和贫困农户共同参与互动的扶贫模式，为新时代的人才培养和政策研究提供借鉴。

第二节 研究内容

一、乌蒙山区新型"人—地—生态环境"关系

目前，乌蒙山区自然条件恶劣，土地超荷，经济贫困，矿产资源过度开

采，石漠化严重，人、地、生态环境不能健康、协调发展。针对以上问题，本研究通过借鉴国内外专家学者对人—地关系研究的成果，综合分析乌蒙山区的贫困现状、生态系统失衡等特点，通过实地跟踪调查，分析该区域内“人—地—生态环境”关系变迁的原因，通过历史数据整理和分析，探究该区域内“人—地—生态环境”关系变迁的规律，探讨明晰不同经营主体对土地利用的态度及其对土地利用的影响。

二、乌蒙山区新型人地关系调整策略与政策研究——以寻甸县为例

通过了解乌蒙山区的自然条件、发展背景和所实施的国土科技开发，全面分析该区域新型人地关系调整的优势和劣势。通过对政策的判断及对外部环境的分析，研究该区域新型人地关系调整的机遇和挑战。在深入分析该区域新型人地关系调整的优势、劣势、机遇与挑战的基础上，提出该区域新型人地关系调整策略与政策。主要提出在该区域内迎接机遇、发挥优势、应对挑战和克服劣势的策略，尤其是贫困人口参与、实施、受益和发展的策略。重点研究国土开发技术创新扶贫方面的措施、策略和政策，以推动区域内的国土科技扶贫的政策实施。

三、乌蒙山区传统扶贫实践与国土开发的关系研究

乌蒙山区的区域扶贫、帮扶到户、整村推进、绿色扶贫、产业扶贫、小额信贷扶贫、村基金扶贫等一系列扶贫工作开展多年。这些传统扶贫方式一方面取得了较为明显的经济、社会和生态效益，另一方面也在实践中显露出了一些问题。如农村青壮年劳动力大量外流，逐步迁移进入城镇，造成“空心村”，农业生产能力低下、农村宅基地大量废弃、耕地大面积闲置等问题，无法实现脱贫的“造血”功能，存在“扶贫—脱贫—再返贫”现象。课题将对乌蒙山区传统扶贫实践进行深入研究，找出问题，比较该区域现有各类扶贫实践的效果及影响因素，并总结经验。在此基础上，认真分析这些传统的扶贫实践与国土开发的关系，以期进一步总结国土科技扶贫的经验，探索国土开发扶贫的有效模式。主要完成三项任务：一是分析乌蒙山区传统扶贫实践存在的问题；二是总结该区域现有各类扶贫实践的效果、影响因素及经验，分析其与国土开发的关系；三是研究国土开发背景下的有效扶贫措施与途径。

四、乌蒙山区国土开发技术创新扶贫模式研究

通过对乌蒙山区国土开发技术创新扶贫工作的案例追踪和全面调研，总结国土开发技术创新扶贫的典型经验，在分析和比较传统扶贫和国土开发技术创新扶贫差异的基础上，探索适应新型人地关系的国土开发技术创新扶贫模式。结合国土开发创新扶贫的主要经验和模式，提出实现该区域国土开发技术创新扶贫的方法和策略。

五、乌蒙山区国土开发扶贫机制

乌蒙山区属于典型生态脆弱区，少数民族聚居，贫困人口比重大，贫困面广、贫困程度深。区内存在耕地垂直空间分布呈现两头大、中间小的格局，耕地空间分布地块多、面小、分割严重，耕地贫瘠；人口密度大，人均耕地面积低；城镇用地弹性系数过高，矿产资源丰富但开采力度大，人地矛盾突出；国土资源创新成果转化力度不够，尚未形成国土开发扶贫机制等问题。本课题将跟踪研究国土开发创新扶贫实验和示范课题实施的全过程，通过与传统扶贫模式的比较，提出国土开发技术创新扶贫的重要模式，并最终提出这些模式和经验得以持续实施的保障机制和政策建议。主要完成两项任务：一是提炼乌蒙山区国土开发扶贫机制。在分析总结现有扶贫工作及扶贫机制的基础上，结合国土开发创新成果，深入探讨乌蒙山区国土开发创新扶贫的机制。二是提出乌蒙山区“国土开发扶贫”政策建议。并通过各类平台，传播国土开发创新扶贫的新理念，进一步提高国土开发扶贫的影响力。

第三节　研究方法

一、访谈法

对乌蒙山区贫困的原因、贫困群众对摆脱贫困的看法，以及国土科技开发的效果等内容进行半结构性访谈。针对乌蒙片区不同的受访对象，根据调研主题，分为青壮年小组、妇女小组、老年人组、残疾人组及不同部门组等，通过实施焦点小组座谈，了解和判断乌蒙山区贫困的特征及其对区域贫困人口的影响以及贫困人口对未来的期望。对乌蒙山区国土、扶贫、农业、林业、农开办、水利等涉农部门进行访谈，了解和分析相关部门在扶贫方面的工作、经

验、模式及存在的问题，重点了解国土部门在国土科技开发中对扶贫所产生的效果。

二、行动研究法

课题组与乌蒙山区扶贫工作者及国土部门扶贫工作者紧密合作，对其开展的乌蒙山区扶贫国土开发关键技术研究及示范项目应用进行跟踪调查，总结乌蒙山区扶贫国土开发关键技术研究及示范项目应用的成果及经验，对示范项目进行理论提升，使之系统化、理论化，形成国土科技扶贫机制，指导项目进一步开展，提升示范项目质量。

三、案例研究法

乌蒙山区涉及三个省，10个市（州），课题组在其中选取云南省的寻甸县及昭通市昭阳区等具有代表性的县区作为研究案例，有目的、有意识地开展案例分析。首先，采用探索性研究，对乌蒙山区扶贫开发的现状进行分析，总结乌蒙山区扶贫的新形势、新特点；其次，采用解释性研究，提出乌蒙山区扶贫的新策略、新机制，推动区域的扶贫工作。

四、专题研究法

对乌蒙山区“人—地—生态环境”关系及其变化趋势、乌蒙山区传统扶贫实践回顾与总结、乌蒙山区扶贫新形势与新特点、乌蒙山区国土开发技术创新扶贫模式与经验以及国土科技扶贫政策与机制建议等进行专题讨论和研究。

五、统计分析法

根据收集到的二手资料及实地调研得到的一手资料及数据，采用统计分析法，对乌蒙山区人地关系的演进及变化趋势进行分析预测，在此基础上，总结乌蒙山区贫困的特点及原因，探索乌蒙山区国土开发扶贫的模式与机制。

六、专家咨询法

以国土科技扶贫的模式、机制、政策建议为重点，采用反复多次咨询本研究领域专家的方法，以获得更权威的意见。在此基础上撰写“乌蒙山区国土开发模式与扶贫机制研究”课题总报告及决策咨询报告，并根据专家的反馈意见，结合实际不断完善报告。

第四节 国内外研究综述

一、国外研究现状

（一）土地管理研究

国土资源是国家的重要自然资源，保护好国土资源，对其合理的开发利用，有利于保障国家经济发展和社会稳定，有利于整个国家的可持续发展。对发达国家的土地利用与土地管理进行研究，借鉴其国土资源开发利用的经验，指导乌蒙山区国土资源管理，对乌蒙山区经济社会可持续发展具有重要的意义。

1. 国外的土地所有制

从国外研究资料来看，国外的土地所有制类型主要有三种。一种是土地私有制。如澳大利亚、加拿大等国实行的土地私有制。这种制度下，土地可以自由买卖、转让。第二种是土地公有制。如英国及英联邦国家和地区（除澳大利亚），土地所有权属于国家，但农户可以将一定年限的使用权出卖。出卖的使用年限最长可达 999 年，也有 150 年、99 年、75 年等等，到期可以续卖（买）。第三种是混合型的土地所有制。如美国多元化的国土资源所有制；而日本的土地所有制实行私有制和国有制并存，其中私有制土地占国土资源的 65%，国有（国家所有）和公有（地方政府所有）土地占 35%。[1]

2. 土地利用规划管理体制

从研究文献可知，国外对土地的规划管理大致可分为三类：第一类以日本为代表，采取的是分工合理、职责分明、高度统一的规划管理体制。这种规划管理体制对土地的开发利用的指令性和干预性较强。第二类以德国、英国和荷兰等国为代表，采取的是总体协调并适当干预的规划管理体制。主要体现为国家对规划实行统一领导。第三类以美国为代表，采取的是分散的管理体系。国家只制定政策，地方政府对土地利用进行规划管理。[1]

3. 土地利用法制管理

美国制定多元化、市场化的土地使用权政策，联邦政府土地法和各州制定的土地使用法相互配套。法律规定所有的土地都实行有偿使用，土地可以在法律规定的范围内自由买卖、出租和抵押。在规划许的可前提下，出于公众利益，政府可以向民众征购土地。[2] 日本的土地利用的法律比较全面，土地利用管理的法律多达一百多个，且规定较为严格，条款较细，可操作性较强。完备的法律体系，形成不同法律之间相互衔接，保障各类主体依法开发利用土地。

（二）土地治理研究

1. 土地整治的作用研究

首先，土地整治可以有效地解决土地细碎化问题，使得农村生产生活可以使用面积较大的土地。面积较大的地块，其生产效率更高，农田地块合并、扩大对农村经济有着促进作用[9~11]。其次，农地整治对改善土壤结构、减少水土流失具有重要作用[20]，可以保护公路等重点基础设施，是水资源管理和其他内部工程工作的手段，也是农村地区可持续发展的多目标工具[3]。再次，土地整治增减挂钩可以调节农村建设用地指标，使得结余的用地指标向城市流转，促进城市理性扩张[4~8]。最后，土地整治方便农民的生产生活。有些土地整治将重新规划建设农田道路，缩短了农田与居住地的距离，减少农民在地块之间的通行时间，提高农田的耕作效率[12]。

2. 土地整治模式研究

在土地私有化的国家，土地整治的核心是产权调整。土地整治必须先获得整理区内土地产权持有人的同意。根据土地产权持有人的态度，可将土地整治分为自愿型、部分自愿型、强制型等模式[13]。张军连（2003）根据土地整治的参与主体的不同，将国外的土地整治模式划分为政府主导型模式、土地所有者主导型模式和规划主导型模式三种[14]。

3. 土地整治的效益研究

从社会学的角度看，土地整治不仅仅是土地自然结构上的改变，它将影响乡村生活和农业中的人类行为，所以，土地整治的评价指标体系建立时，要重点从经济、社会、环境等方面进行考虑[29~33]。土地整治是个复杂的工程[34~38]，要将经济、自然和环境因素作为土地整治评估的重要因素。每一项土地整治都将会改变人类的经济社会环境[15]。从直接结果看，土地整治可以改善农村生产生活公共基础设施，为农村营造良好的生产生活环境。此外，土地整治也间接为城市创造较好的环境[16~18]。

4. 土地整治的差异性研究

不同国家的土地整治的主要步骤大致相同，然而，土地整治受到法律法规、文化、社会以及其他因素的影响。土地整治也和相关国家的历史氛围、政治环境、社会发展状况以及自然地理状况有关。所以，不同国家土地整治的任务和目标可能不同，整治的程序也会有微小的区别[21~27]。

5. 土地整治的技术研究

德国是最早采用信息技术进行土地整治的国家。德国巴伐利亚州在20世纪80年代就将计算机数据处理技应用到土地整治中，他们利用信息技术建立了土地整治信息系统（LE—GIS），系统存储了土地整治的各种数据、图件和土地的权属状况等资料，对其进行科学高效的管理。Tashion Yomralioglu，David Parker（1993）认为GIS在土地整治价值评估的过程中有着优越性，可以利用它对土地整治前后的价值进行有效评价[40]。

二、国内研究现状

（一）关于国土开发的研究

1. 国土整治研究

国内学者首先对国土的概念进行了研究。蔡守秋教授在《国土法的理论与实践》一书中将国土定义为“一个主权国家管辖下的陆域、海域、空域的总体及其间的全部自然资源”[41]。在《国务院批转国家建委关于开展国土整治工作报告的通知》（1981年10月7日）中，明确阐释“国土整治包括考察、开发、利用、治理、保护这些相互关联的五个方面的工作”。根据上述《通知》，国土整治是在相应政策的指导下，在全国或国内某个区域内，针对国土资源拟定开发、利用、治理、保护规划，并制定规划的具体实施方案，按照该方案开展国土管理的工作。工作具体包括国土开发、国土利用、国土治理和国土保护四个方面。其中，国土治理是应用工程措施和生物措施改良土地不良性状，提高土地利用率和生产率，以利于集约经营的过程。主要包括侵蚀区治理、沙化区治理、沼泽区治理、海涂治理和采矿区治理等。

2. 耕地保护研究

由于农村实行家庭联产承包责任制，造成耕地细碎化，土地利用长期以来采取的是小规模经营，不利于机械化、现代化农业生产，此外，随着建设用地的增加，耕地被占用，使农业生产受到威胁。所以耕地保护成了专家学者的研究热点。钱忠好（2002）主张通过土地使用权物权化的方式保护农民的权益，促进土地流转，开展适度规模经营[43]。姚洋（2000）、贺振华（2006）认为现行农村家庭联产承包责任制具有一定的社会保障功能，是农民广泛认可的土地制度[44]。姚洋（1998）研究发现，现有农地制度会导致部分农民的短期行为，他们对土地长期投资的积极性不高，导致地力下降，不利于耕地保护[44]。余庆年、赵登辉等（2001）提出的“耕地总量动态平衡”的实施途径构想[45]，指出通过耕地总量动态平衡，保护耕地数量。钱忠好、曲福田（2004）认为我国的土地征用和土地补偿机制程序不合理，缺乏透明度[46]，从而使得耕地保护比较困难。周建国（2010）认为可以通过农地发展权的立法，限制各级组织和个人对农地的占用行为，从而实现对农地的法律保护[47]。

国内学者也对耕地保护主体开展了大量的研究。有些学者认为政府才是耕地保护的主体，各级人民政府应该承担起耕地保护的主要责任（张元红 1998；黄征学 2004；毕继业 2003；汤建东和梁山然 2005；邬丽萍 2005；张飞 2006）[47]。然而，也有学者认为耕地保护不能仅仅依赖政府，耕地保护的主体应包括土地所有者和土地使用者，即耕地保护的主体应该由国家（政府）、农民集体、农民及用地单位组成（郭春华 2005；钱忠好 2002；郑继芳和史建民 2009）[48]。

3. 关于中低产田改造研究

国内专家学者对中低产田土改造技术开展了卓有成效的研究。学者通过对全国各地开展的中低产田土改造工作开展实地调研，了解我国中低产田改造的技术，将中低产田土改造技术归纳为四种类型。一是工程技术改造。通过实施渠系配套和渠道防渗工程、小水利程建设等水利工程，改造、完善农田水利基础设施，提高农田灌溉效率；通过土地加固利用技术、坡改梯技术、节水灌溉工程技术、中低产田暗灌工程技术、预制构件制作技术等进行中低产田改造技术，提高耕地质量。二是农艺技术施肥改造。通过平衡施肥促进作物生长，提高作物的固土保水能力，减少地表径流和泥沙流失。通过优化配方施肥技术，改善土壤结构。三是生物技术植物篱工程。通过实施等高植物篱工程，在坡面沿等高线区域，密植灌木或灌化乔木以及灌草结合的植物篱带，然后，在篱带间种植作物。四是专项改造工程。通过开沟排水，降低地下水位，改善土壤通透性，防治洪涝灾害；通过增强微生物活力，或者根据需要在土壤中加沙，调整泥沙比例，改善土壤理化性质，降低还原性物质毒害；进行水旱轮作或休耕，保持土壤肥力。[54]

（二）关于国土开发扶贫的研究

连片特困地区的脱贫攻坚受到学界的高度重视与关注。国内学者的研究主要涉及连片特困地区的概念与区域特点、贫困测度、扶贫战略等内容，研究视角包括社会学、生态学、经济学与地理学等多个学科[55]。乌蒙山区的脱贫攻坚由原国土资源部挂钩帮扶，开展国土开发扶贫，专家学者对国土开发扶贫工作也开展了相应的研究[56]。

1. 关于国土开发模式的研究

乌蒙山区山高谷深、气候冷凉、地理环境恶劣、生态脆弱、自然灾害频发，深度贫困问题突显。由于生态脆弱，耕地细碎，当地群众不得不通过掠夺式资源开发来增加耕地数量，从而增加经济收入。然而，掠夺式开发使生态环境进一步恶化，耕地质量下降，生产力低下，贫困问题更加严重。破解之策只有创新扶贫模式[58-59]。主要采取易地搬迁模式、基础设施建设扶贫模式、变革土地制度扶贫模式等。此外，一些学者从理论层面探讨片区扶贫模式创新。冷志明、雷亿辉（2011）基于新区域主义视角，提出开拓产业空间的片区扶贫模式[68]。李乐为、岑乾明（2011）提出区域公共品协同供给模式[69]。蒋辉（2012）提出“跨域合作、多元协同”的治理模式。

2. 关于连片贫困地区扶贫方式的研究

学者们首先开展连片特困地区区域特征研究。主要从人口社会经济特征、生态环境特征两方面展开。人口社会经济特征方面。集中连片特殊困难地区体现出贫困人口数量大、分布集中，基础设施与公共服务跟不上，信息流通不畅，文化水平和科技水平低。使得连片贫困地区长期处于“扶贫、脱贫、再返贫”的循环发展状态。生态环境特征方面。连片特困地区大都属于国家重点生态功能区，同时也是生态脆弱区，面临着土地贫瘠、生态退化等生态风险[61]。在特征研究的基础上，一些学者开展了片区扶贫研究。研究发现，国家从财政和科技方面支持片区扶贫开发。徐荟竹等（2012）基于375个贫困县的调查数据，从宏观经济、财政政策、金融供给等方面分析连片特困地区现状、问题，并提出了相关对策建议。[62]刘冬梅、王元（2012）认为科技扶贫是实现片区整体脱贫致富的重要手段[63]。周丕东等（2012）从基础设施、特色产业、人力资源开发和生态文明等方面开展乌蒙山区农村扶贫开发研究，提出乌蒙山区财政扶贫和科技扶贫的对策建议。[64]王震、夏英（2012）提出从资金整合、产业发展、基础设施建设和重点项目扶持等方面开展片区扶贫，对脱贫攻坚具有重要的推动作用[67]。

3. 国土开发扶贫方法研究

一是通过国土开发增加耕地，确保粮食安全。人口多，耕地少是连片贫困地区的主要特点，区域内粮食供给不足，影响粮食安全。为确保粮食安全，必须开展土地整治，增加耕地面积，确保耕地总量动态平衡。二是提高土地资源利用效率，缓解人地矛盾。随着人口增长，人均耕地面积不断减少，人地矛盾日趋尖锐。且区域内农村普遍存在耕地细碎、基础设施差、土地利用率不高的问题。开展土地整治，改变土地粗放利用状况，实现土地集约化利用，缓解人地矛盾。三是保护和改善生态环境，实现可持续发展。土地整治过程中，应该综合考虑生态环境的改善，实施田、水、路、林、村的综合整治，全面优化农业生态环境，增加抵御自然灾害的能力，促进农业自然资源综合利用效率的持续提高与农业的持续发展。

三、国内外研究综述

从国外研究文献可知，各国对土地整治的定义不太一致，开展土地整治的时间也不尽相同，但各国对土地整治都高度重视。专家学者一致认为土地整治是经济社会发展到一定阶段解决土地利用问题的必然选择。通过梳理研究历程，可以发现，国外学者对土地整治的研究首先是对土地整治的内容、程序、规划设计与管理的研究，然后是对土地法律制度、土地整治项目资金筹集与管理、土地整治项目绩效评价、土地整治生态风险评价等的研究。研究方向是土地整治的综合研究。国外的研究从工程学研究逐步转向生态学、社会学、经济学等多学科联合攻关研究，实现多学科交叉融合，生态环境的改善受到重视，以系统的观点研究土地生态系统重建理论。

从国内文献研究来看，我国土地整治研究领域较为全面，特别是对国土开发扶贫的研究相对较多。原国土资源部开展土地整治项目后，学者们对土地整治的研究成果颇丰，研究对土地整治规划也取到了一定的指导作用。但是，由于我国土地整治开展较晚，我国对土地整治的研究大多是引进国外的理论和方法，结合我国实际进行实证研究，理论体系构建相对滞后。土地整治的实践存在目标较为单一的问题。土地整治项目大多采取占补平衡的原则，重在补充耕地数量，腾挪建设用地空间。此外，土地整治重经济效益，轻生态环境保护和社会效益。早期的土地整治只是在形式上提出生态环境保护和景观保护的要求，实际操作中对生态环境的保护效果并不明显，难以保证农村经济社会可持续发展。如何借鉴国外先进经验，形成适合于我国国土开发扶贫实际的理论，是值得研究的内容。分析我国乌蒙山区的“人—地—生态环境”关系，总结乌蒙山区国土开发扶贫模式，发现乌蒙山区国土开发扶贫存在的问题，提出相应的对策措施，将为乌蒙山区及至全国国土开发扶贫提供理论指导。

第五节　关键问题、模式及创新点

一、关键问题

（一）乌蒙山区脱贫攻坚的新形势与新特点

乌蒙山区由于山高坡陡、气候冷凉、耕地破碎、交通不便、人口受教育水平低以及历史上发展投入不足等原因，长期以来，形成了贫困面大、贫困程度深和少数民族人口贫困的特点。在新时代脱贫攻坚的过程中，乌蒙山区面临基础设施薄弱、农业生产力水平低、农业产业化程度低、农业人口市场经营意识不强、农民增收缓慢的问题。但党和政府脱贫攻坚的决心强、力度大、氛围浓。

（二）乌蒙山区新型“人—地—生态环境”关系

长期以来，乌蒙山区由于山高坡陡、气候冷凉、耕地破碎的特点，传统的“人—地—生态环境”关系是：区域人口对农业依赖程度深，但作物种植广种薄收，基本农产品供给保障程度低，生态环境压力大，自然资源减少与生态环境恶化情况明显，部分地区存在“越穷越生，越生越垦，越垦越穷”的贫困的恶性循环。自20世纪90年代以来，由于全国性工业化和城市化的进程加速，国家扶贫力度的加大，农业的技术进步，乌蒙山区新型的“人—地—环境”关系表现为：农村劳动力外出务工越来越普遍，农民的非农收入快速增加，农民的生计来源扩大、生计重点发生了转移，人口对土地的依赖程度减轻，再加上农业增产、节地、节水技术和设施的普及，乌蒙山区脱贫的耕地“瓶颈”问题得到了缓解，逐步形成了“大量人口外出务工，耕地压力减轻，农业基础设施改善，特色农业迅速发展，农业增产，农民增收明显，生态环境向好”的良性循环。

（三）乌蒙山区土地利用的机遇与挑战

乌蒙山区土地利用的机遇是：党和政府前所未有的脱贫攻坚决心和支持力度，极大改善了乌蒙山区的农业基础设施和农业生产力状况；党和政府长期坚持的生态保护和环境建设政策，逐步遏制了乌蒙山区生态退化的趋势；全国范围内工业化和城镇化的加速，增加了乌蒙山区贫困农户的非农就业机会和收入；世界范围内对绿色、特色农产品的追求，拓宽了乌蒙山区农产品的市场空间；自然资源部挂钩协调乌蒙山区的脱贫攻坚工作，为该区域的国土开发提供了实际而有效的多样化支持。

乌蒙山区土地利用的挑战是：区域间农业产业发展重复竞争，优势特色不明显；农业优质劳动力非农化，农业生产经营队伍效率下降；生态保护与环境建设的要求提高，保护与开发的矛盾时有表现；区域整体性生产经营成本仍然较高，对社会资本的吸引力不足。

二、模 式

（一）乌蒙山区国土开发扶贫的有效模式

自然资源部自协调乌蒙山区的扶贫开发工作以来，多措并举，实施了一系列脱贫攻坚的做法与政策，主要形成了以下三种有效模式。

模式1：国土开发促进耕地增产增值，实现以地脱贫

通过土地整治，将原来的坡地改为梯田，将台地改为平地，提高了耕地质量，增加了农作物产量。通过修建机耕道路，田间交通条件得到改善，耕作成本明显下降，肥料运送及时足量，农作物增产得到保障。通过田间配套小水窖，保障了灌溉用水，提高了抗灾能力，增加了农作物产量。这“一降一增”，大大提高了农业生产的效益，实现了农业增产、增收，帮助建档立卡户实现了脱贫（图示如下）。

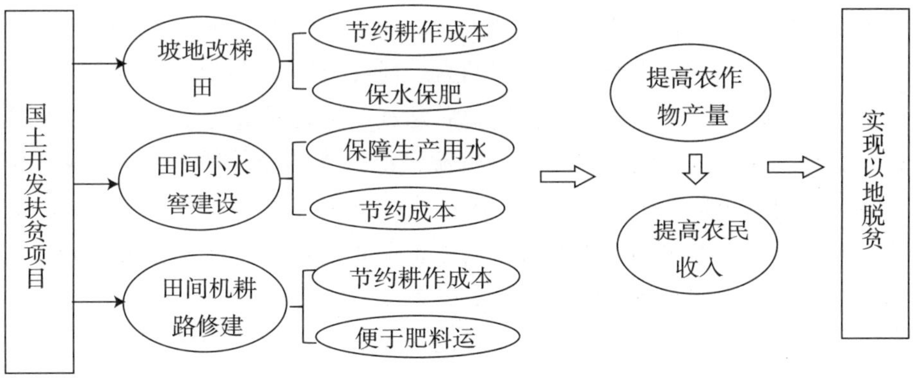

图1－1

模式2：国土开发促进农业转型升级，实现持续脱贫

通过坡地改梯地、机耕道路修建、田间灌溉设施建设，改善了耕作条件，降低了耕作成本，提升了耕地质量。外来资本和专业大户进入农村租地，提高了耕地租金，关键是种地的投入和农产品营销的风险从农户转移到了外来专业户。农户在不承担农业投入的基础上，还可以获得外出打工的时间、本地打工的机会以及逐步提高的土地租金，实现了农业转型升级脱贫（图示如下）。

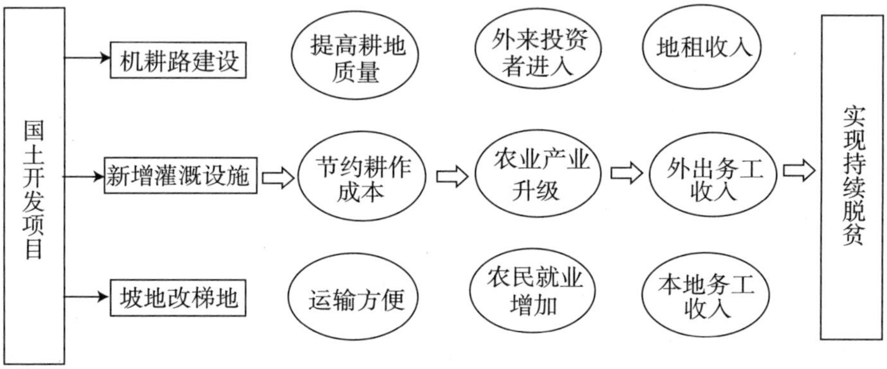

图1－2

模式3：通过区域自然生态、人文资源综合最优配置实现全面脱贫

乌蒙山区的贫困地区普遍存在富集的自然、人文资源与滞后的经济、科教水平这一矛盾，要形成乌蒙山区“造血式”脱贫的经济生态，需要综合施策。这一国土开发扶贫模式主要就是以国土资源的政策红利、项目成果和技术创新为牵引，为精准扶贫提供源源不断的动力。通过土地整治改善耕地质量，完善基础设施条件，发展特色农业；通过地质勘查、土地质量地球化学调查等国土项目的实施，摸清区域内的自然生态资源情况，查明土壤成分和各元素分布、富存情况、制定土地质量数据查询系统，为改良土壤质量、发展现代农业及旅游等相关产业发展提供国土资源科技支撑。在此基础上，深入挖掘当地的人文资源，实现自然资源与人文资源的最优配置，将资源优势转化为经济优势，实现产业结构优化，加快三产融合发展的步伐，激活各方内生动力，形成从“外部输血”到“自身造血”再到“向外献血”的良性循环，为实现全面脱贫，繁荣农村开辟新渠道（见图1－3）。

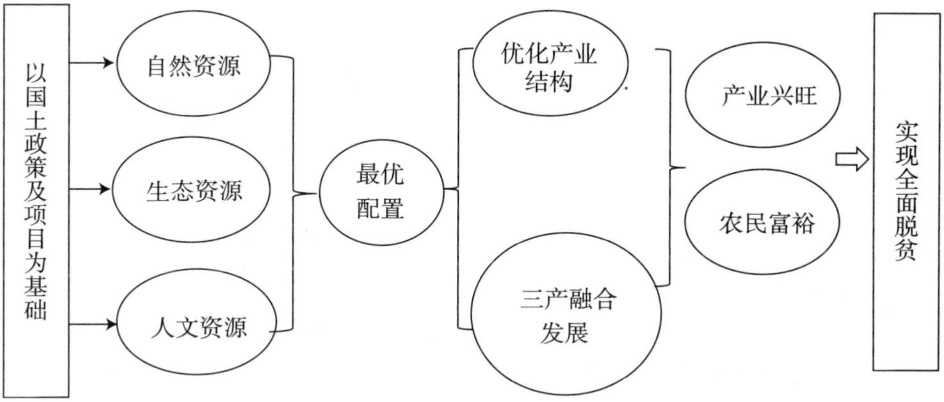

图 1－3

（二）乌蒙山区国土开发扶贫的创新机制

自然资源部在乌蒙山区通过国土开发项目、人员和政策的支持，探索了脱贫攻坚的新思路和新模式，创新了脱贫攻坚的新机制。一是在乌蒙山区实施“五规合一”的方案。推动经济社会发展规划、产业发展规划、城市总体规划、土地利用总体规划以及人口与环境保护规划在时间和空间上的协调、融合。整合规划资源，促进空间协调、项目落地、调控统一，充分发挥规划实施方案的宏观作用，促进乌蒙山区区域的全面跨越式发展。基于对长期潜力的发展研究，密切“五规”部门的相互协调，注重方案在近期的落实。通过系统梳理五年社会经济发展中的经济增长、产业提升、城镇建设、耕地保护、人口布局与环境保护等核心要素，在经济社会发展总目标的引领下进行要素整合，空间资源全区统筹考虑、合理布局，并将其作为政府行为和市场化投资建设的管理依据，以及产业布局和重大项目审批的基础平台。二是实施土地增减挂钩。在合理解决乌蒙山片区各市县建设用地规模不足问题，保障脱贫攻坚用地的基础上，乌蒙山区实施不受指标规模限制的城乡建设用地增减挂钩，节余出来的指标可在东西部扶贫协作和对口支援省市范围内流转。“四川的节余指标可以到浙江去交易，云南的节余指标可以到上海交易，贵州可以在七省范围内交易”。通过一增一减相结合，在建设用地总量不突破的情况下，通过流转使指标得到增值，土地价值也得到了显化。贫困地区获得了更多的脱贫攻坚移民搬迁资金的支持。

三、创新点

乌蒙山区贫困面积广、贫困程度深，一直是我国脱贫攻坚的难点和重点区域，这个区域的扶贫研究主要是对贫困农户经济收入增加和经济增长的扶贫和贫困地区基础设施建设与社会保障兜底的扶贫的研究。

本研究聚焦乌蒙山区，主要是从国土开发的角度来研究扶贫的模式与长效机制。从乌蒙山区新型“人—地—生态环境”关系及其特点出发，梳理了传统扶贫模式的经验与问题，探讨了传统扶贫与国土开发扶贫的关系，最后基于贫困农户土地增值和发展资源增加的精准扶贫、贫困地区农业产业升级及可持续发展的精准扶贫与贫困地区多维资源综合最优配置的精准扶贫研究，总结了三种国土开发扶贫模式，即：国土开发的“耕地增产增值，实现以地脱贫”“农业转型升级，实现持续脱贫”和“通过区域自然人文资源综合优化配置实现全面脱贫”。结合扶贫模式，提出国土开发精准扶贫与可持续减贫的机制与政策建议，提供了反贫困的中国“样板”与经验。（1）强化国土空间规划的权威性和约束机制；（2）建立农业产业发展与土地开发项目的协调机制；（3）建立土地可持续利用与经营的监督评价机制；（4）建立国土资源利用风险预警机制。政策建议：（1）出台将政府对国土开发的投入转化为村级组织和农民资产的政策；（2）出台东部地区的土地出让金向贫困地区倾斜的政策；（3）出台降低农业土地经营成本的政策；（4）出台对乌蒙山区国土基础设施的资金支持政策；（5）出台乌蒙山区扶贫的人才激励政策。

通过课题的研究，可以为中国到2020年决胜精准扶贫以及2020年之后的可持续减贫提供决策参考。

第二章　乌蒙山区新型“人—地—生态环境”关系

第一节　乌蒙山区“人—地—生态环境”关系历史演变

“人地关系”，是人类在土地开发利用过程中形成的人与土地的关系，以及人与人和人与社会之间相互影响、相互作用的关系，是人类劳动同土地相结合的产物。是指人类与其赖以生存的地理环境之间的相互依赖、相互影响、相互联系的关系。人类在不停地向前发展的过程中，为了生存的需要，开展形式多样的生产生活活动，不断地利用、改造地理环境。与此同时，地理环境的改变，也影响着人类生活空间的分布，人类逐步向适宜区聚集，从而使人类活动具有明显的地域特征和地域差异。

人地关系思想的产生经历了漫长的历史过程，西方地理学者从不同的角度分析人地关系的演变、分布规律及其内在规律，提出了地理环境决定论、可能论、或然论、适应论、协调论等诸多理论，人地协调关系的思想在演变的过程中逐渐完善和成熟（见表2－1）。

表2－1　“人—地—生态环境”关系历史演变阶段特征表

历史阶段	对人地关系的认识	人地关系特征
采集渔猎时期	崇拜自然——“天命论”或“宿命论”	主要技术手段：原始技术（石器、木器等） 人类行为表现：人类被动适应环境，环境强大的制约力

续　表

历史阶段	对人地关系的认识	人地关系特征
农业文明时期	改造自然地理环境决定论、人定胜天	人类主导性产业活动：栽培作物，驯养家畜 主要技术手段：农业技术（青铜器、铁器、犁、耕作制等） 人类行为表现：人类开始大规模地开发利用自然资源
工业文明时期	征服自然	主要技术手段：工业技术（机器、电器、社会化生产等） 人类行为表现：人类掠夺式开发资源，人地矛盾激化 人地关系的后果：环境问题成为公害 人地思想：征服自然，自然
生态文明时期	谋求人地协调、和谐论	对人地关系的认识：人地关系的后果：环境和发展问题得到全球关注 人地思想：和谐论、可持续发展

采集渔猎时期，属于原始阶段，人类与土地的关系是一种纯自然的关系，人类活动对土地的依赖较低，对土地的改造利用层次也相对较低。本课题研究不涉及这一历史阶段，而从农业文明时期对乌蒙山区“人—地—生态环境”关系的历史变迁展开研究。

一、农业文明时期乌蒙山区“人—地—生态环境”关系

土地是万物的根基，特别是在古代社会生产力十分低下的情况下，人类的生存基本依赖于土地，发展以土地为基础的农业生产，土地是人们的生存之本。和其他地区一样，乌蒙山区古代以农业为主，农业生产力水平低，就对土地面积的需求较大，这样才能养活更多的人口。那时的财政收入主要来自农民的赋税，因而政府掌握的土地越多，分配给农民的土地就越有保障，那么其所能控制的户口就越多，赋税就越高。可以这样说，封建社会时期，乌蒙山区的经济是靠土地“堆”出来的，没有土地，就没有农业生产，经济社会就无从发展。

封建社会时期，乌蒙山区土地至关重要，处理不好土地与人的关系，就会导致社会动荡。封建社会最容易出现的土地问题是土地兼并，土地兼并是指土地越来越集中到少数大地主、大官僚手中，而农民越来越多地丧失土地，甚至根本就没有土地。乌蒙山区也不同程度地发生着土地兼并。土地是农民的“生命线”，封建地主阶级的土地兼并多次引发了农民起义。封建地主为了维护自己的利益，还是会在一定程度上调整土地关系。由此，我们可以看出，处理土地与人的关系，对乌蒙山区的发展至关重要，古代如此，现在何尝不是呢。

当代，乌蒙山区在中国共产党领导下开展了大规模的土地革命与变革，进行全面的人地关系调整。这次对土地关系的调整满足了贫雇农的土地要求，彻底消灭了封建土地制度，农民获得了土地，加强了工农联盟，翻身农民的生产热情高涨。新中国成立前，中国共产党看到了中国的革命必须依靠农民阶级，所以选择了农村包围城市的道路。要走好这条道路，就必须充分调动农民的积极性，而让农民得到土地就是最好的办法。随着中华人民共和国的建立以及土地改革的完成，封建土地制度已经彻底消除，由于长时间地对土地的渴望，中国的百姓，特别是农民，有强烈的土地情感。中国人把土地看作宝贝，在土地上繁衍生息，悉心耕作。乌蒙山区积极响应党的号召，开展土地革命，将地主阶级手中的土地收归集体所有，让广大农民拥有了赖以生存的土地，人地关系得到大幅度改善，农民大力发展农业生产，支持社会主义建设。

以寻甸县为例。寻甸历史悠久，从先锋姚家村旁发现的新石器时代少数民族“洞穴遗址户”，鸡街古城、柯渡荞街哨等地发现的石斧、石裤、石凿等物证明远在新石器时代，即 4000 多年前，寻甸境内就有人类从事各种活动，繁衍生息；从凤仪后营和柯渡等地发现的铜锄、铜犁桦等物证明，距今 2300 多年的西汉早期，就有先民在寻甸境内从事土地开发，种植农作物。

元朝至元十二年（公元 1275 年），云南行中书省下令，置立屯田甚广寻甸仁德府军民屯田 560 双（每双 4 亩）。

明朝洪武十九年（公元 1386 年）西平候沐英奏云南土地少而荒芜居多，宜置屯田，令军士开耕，以备储俗。明洪武二十二年（公元 1389 年）在寻甸等地组织军民大力开发土地。寻甸府木密守御千户所（今易隆）和凤梧守御千户所（今中桥古城）共屯田 20284 亩余。嘉靖二十五年（公元 1546 年）官民屯田 17963 亩。

清朝康熙、雍正时期，废除了屯田制。寻甸的土地经丈量，分等定则，一编籍在册，征赋田地。康熙十一年至三十年（公元1672年至1691年），官民屯田共二千四百六十三顷四十五亩三分。康熙三十一年至五十九年（公元1692年至1720年），土地分为上、中、下则三等，寻甸有官民屯田地265570亩；乾隆二十四年（公元1759年），寻甸全州上、中、下则田地共19513.5亩。

道光七年（公元1828年），政府将开发利用土地、农田水利建设纳入朝政决策，作出了部署。寻甸将牛栏江等30余条河流逐条进行勘查设计，制定了治理方案，筑堤、打坝、防洪排涝，可改善灌溉31000多亩，官民屯田2054顷7亩，后因经费困难，尚未实施。

民国二十二年至二十四年（1933—1935年）寻甸县成立清丈分处，组织了248人参加大规模耕地清丈。清丈结果：全县耕地面积为541292.9亩，新增税额8394元，增40%。

民国二十五年（1936年），寻甸县政府对土地开发利用拟定了方案，在《寻甸县政府三年建设计划》中提出：疏浚兔耳河、新桥河、马干河、新庄大沟，引入牛栏江以后，不惟水患可灭，并可垦得良田3万余亩，拟三年完成。后因时局动荡，未实施。

中华人民共和国建立后，以土地改革为首要任务，1951年春开始清匪反霸，减租退押，到冬天结束，减去地租1817万斤，退回押金50多亿元（旧币）。在中桥、双龙乡进行土改试点的基础上，1952年1月，全县分两批进行土地改革，同年11月底结束，彻底废除了封建地主土地所有制。全县共没收、征收土地373001.74亩，合计产量10028.37万斤，没收房屋22105.5间，分给无地少地和无房的农民。将征收没收的林地大于500亩的划归国有，其余划归村有、族有或农民所有。与此同时，进行了土地丈量和登记，颁发了土地证。土改结束后，组织农民参加互助组、农业生产合作社，逐步推行农村土地和其他生产资料由农民私有制向集体所有制过渡。1956年的农业合作化和1958年的人民公社化，完成了以土地为主要内容的生产资料私有制向集体所有制的转变。

二、工业文明时期乌蒙山区“人—地—生态环境”关系

进入工业文明时期，土地依然是人类赖以生存的自然基础，但工业化不断破坏、剥削土地肥力，不断污染土地。随着社会的发展，科技的进步，农业的机械化生产，一些农民逐渐脱离土地。当然，由于人们历史上长期依赖土地而

生存，长期在土地上进行农业生产，对土地产生了浓厚的感情。由于对土地的眷恋，一部分农民难以割舍土地而去从事其他行业。

我国的全面小康社会的建设中，一个很重要的指标就是城镇化水平，要进行城镇化建设，就必然要把一些农用土地转化为建设用地。乌蒙山区和全国各地一道，积极开展城镇化建设，大量的土地被用于房地产开发、工厂建设以及城镇其他配套设施建设，使得原来就紧缺的土地资源不断减少。虽然采取了一些占补平衡措施，但因城镇分布相对集中的特点，被占用的土地大多是相对集中、平缓的土地。乌蒙山区土地山地多，平坝少，工业化、城镇化对土地的占用，使得乌蒙山区的耕地更加细碎、耕地质量下降。此外，乌蒙山区矿产资源丰富，由于过度开采矿产资源，生态环境遭受严重破坏，自然灾害频发。乌蒙山区的工业文明，使得该区域内的人地关系紧张。

以寻甸县为例：

1. 土地资源特点

全县土地资源，概括起来有以下六个特点：

（1）山地多，平坝少。据 1983 第二次土壤普查结果，全县海拔在 1900 米以上的山地有 4724172 亩，占土地总面积的 87.53%，万亩以上的坝子有 5 个（城关、羊街、倘甸、鸡街、凤仪），千亩以上坝子有 10 个（七星、河口、金所、功山、尹武、摆宰、金源、柯渡、先锋、可郎），平坝面积 673023 亩，仅占 12.5%。山地多给发农业展生产造成一定困难，但是，山沟和峡谷的地形起伏，形成了局部小气候，这也为山区的经济发展提供了良好的条件。

（2）人均占有土地数量少。寻甸县土地总面积居昆明地区第四位，1996 年末总人口 469811 人，人均占有土地 11.5 亩，低于全省人均土地面积 14.4 亩的水平和全国人均土地面积 12 亩的水平。

（3）林地面积大，耕地面积小。根据 1995 年土地详查提供的数据，林地面积为 1807.2 平方千米，（2710800 亩），占土地总面积的 50.23%，耕面积为 1053 平方千米（1580132.4 亩），占土地总面积的 29.28%。

（4）难开发利用的土地多，耕地后备资源少。在土地总面积中，未利用的土地面积为 683142.9 亩，包括荒草地、沼泽地、石沙地、裸岩石砾地、田坎和其他地，占土地总面积的 12.66%。尚有宜农荒地 64160 亩，54865 亩可开垦为农耕地。按垦殖率 65% 计算，可净增耕地 35662 亩，耕地后备资源少。

（5）土壤类型多，红壤面积大。境内土壤类型较多，据 1959 年第一次土壤普查结果，全县有 10 个土类，15 个亚类，36 个土属，71 个土种。海拔在

1500～2300 米的地区为山原红壤；2300～2760 米的地区为山地黄棕壤，2500～3000 米的地区为棕壤，2900～3100 米的地区为暗棕壤，2800～3300 米的地区为亚高山草甸土。其中，红壤面积为最大，占土地总面积的 62.90%；棕壤面积占土地总面积的 17.3%；紫色土壤面积占土地总面积的 5.14%；其他土类面积占 14.66%。耕地土壤的干、酸、瘦、薄、漏、冷、粘等七大障碍因素，制约农作物产量的提高。

（6）水土资源匹配不协调。寻甸人均水资源占有量为 5099 立方米，为全国人均值的 5 倍，平均每亩耕地分摊水量 3672 立方米，为全国平均值的 6 倍。但由于河谷深切，山势陡峻，可直接利用的水资源不多，很多径流深度低值区普遍存在着水土资源分布不相适应的情况。从三大水系看，普渡河水系是寻甸西北部坝子内的主要水系，有牛街河、马街河、鸡街河、柯渡河，可郎河流入，总径流面积为 1290 平方千米，年平均降水量为 5.6 亿立方米，为以上五个坝子的土地资源开发利用提供了有利条件。山区水资源虽然丰富，但耕地分散，地高水低，水资源利用率很低。

2. 土地开发利用特点

寻甸县对土地开发利用的特点主要表现在以下几个方面：

（1）类型丰富多样。按土地分类系统划分，除海洋、沙漠、戈壁以外，其他土地类型在全县几乎都有分布。既有亚热带用地类型，又有温带用地类型，还有高原寒带用地类型；既有集约经营的坝区高产稳产农田，也有利用不合理的山区轮歇地，还有较为特殊难以利用的石岩山坡地。土地开发利用的方式存在多样性。

（2）土地面积多，耕地面积少。全县人均土地面积虽达 11.5 亩，但可开发利用的土地较少，人均耕地面积少。按 1996 年末统计的人口 469811 人，耕地面积 549070 亩计算，人均耕地只有 1.17 亩，低于全国人均耕地 1.26 亩的水平。

（3）山地多、水田少、中低产田地多，高产稳产农田少。在全县 549070 亩耕地中，旱地面积 393984 亩，占 71.8%；水田面积 155086 亩，占 28.2%。400 斤的中低产田地 518161 亩，占耕地面积的 94%。据土地详查坡度分级计算，全县坡度大于 25°的耕地占总耕地面积的 5.96%；坡度小于 25°的耕地占 94.04%。其中，坡度小于 2°的耕地占 9.43%；坡度为 2°～6°的耕地占 12.54%；坡度为 6°～15°的耕地占 42.81%；坡度为 15°～25°的耕地占 29.26%；坡度为 25°～35°的耕地占 5.76%；坡度为大于 35°的耕地占 0.2%。

山坡地多，水、肥、土流失大，直接制约着粮食单产的提高。

（4）人均耕地不平衡，土地质量差异大。由于自然地理条件和历史原因，客观上存在着人均土地不均衡，土地质量差异大的问题。1996 年的统计表明，人均耕地 0.6 亩至 1 亩的地区有金源、仁德、城关、风仪、柯渡；1 亩至 1.4 亩的地区有河口、七星、塘子、功山、先锋、鸡街、倘甸、羊街；1.5 亩至 2 亩的地区有金所、甸沙；2.5 亩至 3 亩的地区有六哨、联合。在总耕地中，70% 以上的耕地分布在山区，大于 25°的陡坡地还有 94253 亩，耕作条件差，土地质量瘦薄。

三、生态文明时期乌蒙山区“人—地—生态环境”关系

一段时期以来，过分追求经济发展的唯 GDP 论，使得乌蒙山区以牺牲生态来换取经济发展，大量的矿产开采和荒地开垦，严重破坏了生态环境，水土流失严重。国家及时总结经济发展的历史教训，认识到生态环境的重要性。中央高度重视生态文明建设，认为生态文明建设是中国特色社会主义事业的重要内容，关系人民福祉，关乎民族未来，事关“两个一百年”奋斗目标和中华民族伟大复兴中国梦的实现，并先后出台了一系列重大决策，推动生态文明建设。乌蒙山区在经济社会发展中，积极响应党中央绿色发展的号召，在脱贫攻坚中，始终把绿色发展理念放在首位，通过区域发展和精准扶贫，截至 2016 年底，乌蒙山区 392 万贫困人口实现脱贫，贫困发生率由 2012 年的 33% 下降至 13.5%，公共事业加快发展，生态文明建设得到加强，可持续发展能力不断提升。乌蒙山区各级政府意识到，乌蒙山区自然资源丰富多样，生态具有多样性和脆弱性特点，决不能按照传统的资源利用方式，走拼资源、拼环境，牺牲生态的老路。推进生态服务型绿色产业发展，把良好的自然资源转化成为发展的基础条件，促进乌蒙山区产业结构从“一产”向“三产”跨越，才能够把绿水青山转化为金山银山，从而使乌蒙山区的生态保护成果和其所提供的生态服务惠及广大群众，扭转乌蒙山区“生态良好”与“经济贫困”的不和谐状况。乌蒙山区先后有云南乌蒙山国家级自然保护区等一批自然保护区成立，进一步加强了区域内的生态文明建设，使得乌蒙山区的“人—地—生态环境”关系大幅度改善。

第二节　乌蒙山区“人—地—生态环境”变迁原因

一、“以粮为纲”的策略导致土地过度开发

“以粮为纲”是毛泽东同志最早提出的用来指导农业生产的基本方针。毛泽东同志提出这个方针，既是其历来重视粮食问题的真实反映和自然延续，也包含着对满足工业化的需求和以农业的“大跃进”促进工业的“大跃进”的现实考虑。这个方针在“文化大革命”期间发挥了使各级党委和政府对粮食工作常抓不懈以及在一定程度上保护了农业科技工作的独特作用，然而，这个方针的片面实施也造成很多地方过度开发土地，导致生态环境恶化，最终被迫终止执行。

乌蒙山区本来就是一个人口众多，耕地较少的区域，为了响应“以粮为纲”的号召，农民群众在许多山坡区域进行开垦，以增加耕地面积，从而实现粮食增收，保障粮食供给，然而，乌蒙山区山高坡陡，许多被开垦的地区的坡度均在 45 度以上，土地的过度开发，严重破坏了该区域的生态环境，造成了大量的泥石流等自然灾害，人们开始意识到，过度地开发土地，虽然耕地数量有所增加，然而，由于开垦的耕地坡度大，耕地质量较差，加上因过度开垦造成生态环境的破坏，从而带来频发的自然灾害，使得粮食生产受到严重的制约，在“以粮为纲”的方针指导下，大部分人并没有因开垦土地改善生产生活条件，相反，因为对土地的过度开发，严重破坏了生态环境，自然灾害频发，一部分人开始丧失了对土地开垦的信心。

二、家庭联产承包调动了农民的生产积极性

1978 年，我国实施了土地改革，实行家庭联产承包责任制。这次土地改革，改变了原来的土地集体经营模式，将土地的所有权和经营权分离开来。土地的所有权仍然属于集体，集体经济组织将土地经营权分包到农户，让农户自主经营，极大地调动了农户的生产积极性。在生产过程中，集体经济组织监督承包合同的履行情况，并负责公共设施的统一安排、调度和使用，必要的时候，进行土地的局部调整和分配。家庭联产承包责任制的实施，使土地经营体

制形成了有统有分、统分结合的有机整体，纠正了过去土地管理高度集中的弊端，改变了土地经营方式过分单调的局面。这种土地制度下，农民不再是单纯的劳动者，而是同时拥有生产者和经营者两种身份，农民的生产积极性高涨，他们用心经营着自己的每一分土地，较好地发挥了劳动和土地的潜力。十一届三中全会的召开，使家庭联产承包责任制在全国范围内推广开来。

1979 年开始，乌蒙山区从山区到坝区，逐步推行了以“两包”为主要形式的家庭联产承包责任制。在家庭联产承包制中，乌蒙山区农民很清楚地知道，自己投入的劳动、精力增多，产量也会增加，那么收入就会增加，于是就能实现自我监督，不再会轻易地偷懒。由于增加的收益的归属者由全队改为自己，农民学习的积极性提高。人们开始自觉地在自己很长时间内拥有使用权的小块土地上尽可能地精耕细作，从而提高了土地利用率，乌蒙山区由于耕地少、耕地质量差，农民们更加珍惜自己的土地，不断地通过土地改良、精耕细作来提高粮食产量。

三、工业化、城镇化对土地的占用

城镇化是农业工业化和农村经济社会现代化的必然趋势。城镇化必然以土地作为依托，城镇化进程中土地扮演着极其重要的角色，无论是产业结构的调整、人口的集聚，还是基础设施的建设，都必须通过土地的重新配置来实现。因此，在城镇化过程中将土地进行高效、集约利用以促进形成结构合理、功能互补、综合效益最大化的城镇土地利用体系具有重大现实意义。

乌蒙山区因山地比重大，平坝较少，历史上乌蒙山区的居民大多分散居住在坡度较缓的区域。分散居住，有利于农民将平坝留作耕地，同时，他们还可以在居住地周围开垦坡度较缓的荒地作为耕地，因此，乌蒙山区人地关系的特点是居民相对分散、耕地相对细碎。城镇化建设需要产业结构的调整、人口的集聚，必须找到一块面积较大的集中区域进行城镇化建设，对于乌蒙山区，更多的城镇化建设需要移民搬迁，大量占用相对集中的耕地，虽然实行了占补平衡，但补充的耕地质量更低，更分散，导致乌蒙山区耕地更加细碎，无法使用先进的生产工具和生产方式，这使得农业生产投入产出比增加，一些农民开始不再依赖土地生态而外出打工。

四、三权分置使土地成为农民的资产

随着城镇化建设的推进，越来越多的农民进城打工，他们承包的土地不得

不流转出去。为响应国家提出的适度规模化经营的号召，顺应农民保留土地承包权、流转土地经营权的意愿。我国进一步推进土地制度改革，将原来的土地承包经营权分为承包权和经营权，自此，土地权由原来的所有权和承包经营权两种，改变为所有权、承包权、经营权（以下简称“三权”）三种，并且这三种土地权限被分置。“三权分置”较好地适应我国的经济社会发展，有效地推进了我国农业现代化进程，是我国农村改革的又一重大制度创新。“三权分置”使得土地产权关系更加明确，能够更好地维护参与生产的各主体的权益，极大地激活了农村基本经营制度的活力，使土地资源得到更加合理的开发利用。“三权分置”为构建新型农业经营体系营造了良好的环境，使得土地能够平稳有序流转，发展多种形式适度规模经营，提高劳动生产率，推动农业现代化的实现。

和全国一道，乌蒙山区积极开展“三权分置”工作，将土地承包经营权分为承包权和经营权，有效地推进了乌蒙山区内土地经营权的流转，使得原来分散破碎的耕地经营权相对集中，农业生产规模化经营得以实施。寻甸等一些地方开始探索土地入股，农民手里的土地资源变为了资产，农民变为了股东，人们开始从土地资源中获得较好的收益，原来撂荒的一些耕地重新被开发利用，重新燃起了农民对耕地的热情。

五、乡村振兴战略让人们记住乡愁

2017 年 10 月 18 日，党的十九大报告指出，坚持农业农村优先发展，实施乡村振兴战略。2018 年 2 月 4 日，《中共中央国务院关于实施乡村振兴战略的意见》以 2018 年中央一号文件的形式公布。乡村振兴战略提出：“要按照产业兴旺、生态宜居、乡风文明、治理有效、生活富裕的总要求，建立健全城乡融合发展体制机制和政策体系，加快推进农业农村现代化。”习近平总书记强调：“新形势下深化农村改革，主线仍然是处理好农民与土地的关系。”

实现乡村振兴，要促进乡村人口占比下降，还要加强乡村人口结构优化，提高乡村人力资本质量。要优化农业从业者结构，加快培养现代青年农场主、新型农业经营主体带头人、农业职业经理人。要抓紧研究制定调整完善土地出让收入使用范围、提高用于“三农”比例的政策文件，将跨省域补充耕地指标交易和城乡建设用地增减挂钩节余指标跨省域调剂所得收益，全部用于巩固脱贫攻坚成果和实施乡村振兴战略。原国土资源部在对口帮扶乌蒙山区过程中，积极开展土地整治等一系列工程，并积极探索城乡建设用地增减挂钩节余指标跨省域调剂。乡村振兴战略的这一系列利好政策，必将促进乌蒙山区农业农村现代化，激发乌蒙山区农业农村发展的潜力，使农民和土地的关系进一步得到改善，让乌蒙山区农民更加热爱土地，记住乡愁。

第三节 乌蒙山区“人—地—生态环境”关系的新特点

从经济学角度看，土地是人类的劳动对象，是人类一切经济活动的自然前提，地球上所有人和其他生物都依赖土地生活。然而，农民生计方式的转型导致了人类土地意识的嬗变，人与土地的关系发生了前所未有的“异化”。乌蒙山区“人—地—生态环境”关系主要体现出以下新特点：

一、耕地及人口“纺锤形”分布更加明显

乌蒙山区因山地较多，平坝较少，为了尽量留下较好的土地作为耕地，方便生产生活，该地区的耕地和人口分布均呈现“纺锤形”结构，即乌蒙山区内耕地及人口都相对集中于中高海拔地区，低海拔地区由于山谷较深，生态脆弱，耕地面积较少，人口也相对较少；高海拔地区由于气候冷凉，不适宜作物生长和人类生存，同样耕地少，人口少。

近年来，乌蒙山区由于人口压力和生存空间缩小，以及经济发展导致的显著的地区差异，出现了人口的大量外流。同时，随着生活条件的改善，原来住在海拔较高的山区里的农户，逐步将住房建在海拔相对较低的缓坡地带，原来住在海拔较低的山谷地带的农户，为防止泥石流和洪涝灾害而迁移到海拔相对较高的地区。乌蒙山区人口呈现出向中高海拔地带逐步集中的趋势，人口分布呈现出“纺锤形”结构。随着气候变化，高海拔地区的人口压力增大，生存空间逐步缩小，大量的人口外流。乌蒙山区一直以来人地关系矛盾突出，“人口多，耕地少”的问题一直得不到解决。改革开放以来，经济建设的步伐加快，乌蒙山区人口的流动性增强，高海拔地区和低海拔地区由于生存条件恶劣，这些地区的人口外流增强。以上这些人口的变化，使得乌蒙山区人口大部分集中在海拔1600～1900米的区域，海拔在1600米以下的地区人口密度随海拔高度下降而逐步减少，海拔高于1900米地区的人口密度随海拔高度的升高逐步递减。

乌蒙山区山高谷深、气候冷凉、耕地细碎，耕地垂直分布也呈现“中间

多，两头少”的“纺锤形”分布。乌蒙山区海拔为1000米左右的地带，多为较深的河谷地带，水流湍急，河谷两边山坡陡峭，雨季泥石流、山体滑坡等自然灾害频发，整个乌蒙山区境内峰高谷深、坝子较少。随着经济社会的发展，部分坡度较缓的耕地转变为农村居民点，有些耕地因道路等的建设而被占用，使得原本就少的耕地资源更加稀缺。在中间海拔区域，地势较早缓、气候温和、降水量适中，比较适宜人民的经济活动，也比较能满足该区域的人体健康需要。这些地方甚至形成一些小坝子，小坝子的土层深厚，保水保肥能力强，土壤肥力较好，加之适宜的气候，有利于农作物的生长。乌蒙山区海拔高度超过2500米的地区，坡度逐渐变大，不宜开垦，并且，该海拔区域气候寒冷、空气稀薄，不利于农作物生长。近年来，绿水青山就是金山银山的观念逐步深入人心，生态环境保护受到高度重视，坡度较大的耕地逐步实施退耕还林、还草，使得高海拔地区的耕地大幅减少。

随着国家易地扶贫搬迁等扶贫开发工作的推进，以及乌蒙山区内经济社会的发展，人口的流动地不断加大，耕地和人口更加向中高海拔地区集中，“纺锤形”特征更加明显。

二、年轻人的土地情怀淡化

由于生活贫困，加之人均耕地少，劳动力转移就业是为了乌蒙山区扶贫的一种有效举措。大量的青年外出务工，他们对土地的情怀开始淡化，许多年轻人已经不再愿意经营自家的土地，土地多由老人经营，耕地质量不断下降。例如，2018年3月4日下午，1100名昭通青年会聚在昭通市昭阳区望海公园广场，参加“梦在远方，路在脚下——我们一起去务工！”2018年昭通市外出务工青年集中出征仪式。仪式结束后，这1100名来自昭通市昭阳、鲁甸、威信等县区的青年，怀揣致富梦想，乘坐大巴车离开家乡，启程远赴广东省东莞、中山、佛山、深圳等地务工。此次昭通市外出务工青年集中出征，是共青团服务青年劳动力转移就业，进一步推进全省脱贫攻坚的具体举措。2018年，昭通市各级团组织扎实做好青年劳动力转移就业文章，进一步推动“百名青年创业、千名青年培训、万名青年就业”工程，助推脱贫攻坚，截至仪式当天，已有序转移务工青年3000人，主要以建档立卡贫困户和城镇零就业家庭为主。

致富后的年轻人返乡建房，使得本来就狭窄的山区容纳了太多的房屋和道路，结果一下雨就发生洪涝灾害。早年间，山区居民的房子都是茅草木头房子，房体轻，对山体地质不会产生多大的影响。但一些外出打工的农民赚了钱回家后，在家里用钢筋水泥盖高楼。这种沉重的建筑建在倾斜的山坡上，极易造成山体破坏和塌方等地质灾害。乌蒙山地质条件的险恶如同当地村民头上悬着的利剑，村民们每到夏天雨季都提心吊胆。

三、人口素质对乌蒙山区发展的制约突显

乌蒙山区贫困程度越深的地方，人口素质越低，乌蒙山区是全国贫困程度较深的集中连片贫困地区，教育发展滞后于中国教育平均水平。然而，这一区域内许多地方计划生育根本未能实行，生育越多，人口增长越快，不仅使人地矛盾愈发尖锐，还导致许多孩子上学难，人口素质低。很多人几乎一辈子没有走出大山，发展观念落后，生产技术水平低下。大部分农户还是依赖土地从事第一产业，从事第一产业人口比重大，从事第二、三产业人口比重小。一、二、三产业结构极不合理。随着经济社会发展，生产技术越来越先进，农业现代化进程推进的步伐越快，需要劳动者的素质越高，二、三产业对从业人员的素质要求更高。乌蒙山区人口素质低下，将越来越制约该区域的经济社会发展。乌蒙山区的主要致贫因素之一就是劳动力素质不高，生存和发展能力不强。只有大力发展教育，才能阻断贫困的代际传递。

四、“人”“业”“地”协同发展得到重视

乌蒙山区贫困要素多元，既有主体性要素“人”（贫困主体）的贫困，也有中介性要素“业”（生计活动）的贫困，还有情境性要素“地”（自然和社会环境）的贫困，更有“人”“业”“地”不协调导致的贫困。从“人”的角度来看，贫困表现为贫困主体的生计资本不足、可行能力低下，无法适应时代发展自谋生计或适应新的岗位的要求；从“业”的角度来看，贫困表现为产业的脆弱性强和包容性低，难以提供数量多、门槛低的就业岗位，“僧多粥少”制约了对于减贫最重要的收入来源；从“地”的角度来看，地理资本不足和社会排斥严重为贫困提供了“土壤”和“情境”，是贫困在外部环境上的表现。与此同时，“人”“业”“地”三个维度上的贫困往往相互交织、深度“耦合”，使贫困呈现出不同的“个性”。实施乌蒙山区连片开发，突破“地”的瓶颈，促进“人”“业”“地”良性互动，在“人”“业”“地”协同发展中实现减贫与发展。

第四节 不同经营主体对土地利用的态度及其影响

一、不同经营主体的划分

随着我国经济体制改革和经济社会的发展，社会分工出现了一些新的变化，从事农业生产活动的群众逐步分化为不同的经营主体。这些经营主体以不同的方式利用土地进行生产活动，也有大量的农民进城打工。在资本下乡的推动下，土地在农户之间大规模地流转，不同经营主体从土地获得的收益不同，导致他们对土地的感情也不同。

划分农村经营主体，是分析人地关系变化的基础。从文献研究可知，不同学者有不同的划分依据及划分方法，划分的结果也各有差异。陆学艺等人依据职业类型、使用生产资料的方式和权利，将我国农村经营主体划分为八类。一是从事农业生产的农业劳动者，二是进城打工的农民工，三是在农村打工的雇工，四是参与农村管理的知识分子，五是在农村从事经营的个体劳动者和个体工商户，六是在农村经营公司的私营企业主，七是乡镇企业管理者，八是农村基层管理人员。以此类似，李守经等人将农村经营主体分为七类，一是专职从事农业的生产者，二是亦工亦农的兼职人员，三是从事农村教育的知识分子，四是从事农村基层管理的干部，五是在乡镇企业上班的农民工，六是乡镇企业的经营者，七是个体户与私营企业主。杨华以土地占有为依据，结合经济、权力等因素，也将农村经营主体划分为七个类型，分别是农村精英人群、农村较富有人群、农村贫弱群体、中上群体、中间群体、中下群体及灰色势力。陈成文、罗忠勇通过对土地流转对农村经营主体的影响研究发现，农地流转将会推动农业经营主体结构的重塑。陈柏峰在研究中也认为，农村土地流转将促使农村经营主体在不同的类型间变动。

国家农业税费改革和各种惠农政策的实施，减轻了农民的生产负担，激发了农民的生产积极性，农民通过种田获得的收入大大提高。同时，随着农业现代化进程的推进，农业生产技术水平提高。农户掌握技术的程度不同，使他们在土地上的收入差距越来越大。随着农村经济的发展和城镇化建设，乌蒙山区的农民有的进城打工、有的从事手工业。社会资本的下乡，使一些企业开始进入农业生产领域，农村不同经营主体的分化更加明显。“三权分置”促进了土地流转，大量的农民工进城务工。同时，一些非农企业或人员进入农业、农村，改变了原来人类与土地的关系。本研究根据农民与土地的关系以及其收入来源的不同，将农村经营主体划分为长期外出务工、短期外出务工、在乡兼业、以农为主和“新农人”五类。

（一）长期外出务工的原经营主体

城市化进程的推进需要更多的建设者，这为农民工提供了许多就业岗位。在脱贫攻坚工作的开展过程中，为了让农民获得更多的收入，改变贫困现状，各级政府积极鼓励农民进城务工。越来越多的农民离开了原先赖以生存的土地，纷纷进城务工、经商或者从事其他非农行业。这些外出务工的原土地经营主体，一般会长期离开自己原来经营的土地，扎根在城市，成为新城市居民，今后他们也基本不会再回到农村耕种土地。这一类经营主体长期在外务工、经商，经济来源主要是工资性收入和经营性收入，年收入比在农村从事农业生产高得多，年平均达 3 万元左右，属于农村中收入较高的群体。决定不再耕种土地后，他们会将自家土地转包出去，流转时他们不在乎土地流转价格，更关心的是不让土地资源闲置，他们一般以非正式的方式（如口头协议）将土地流转给自己的亲戚朋友。这类人群又可以分为永久性脱离耕地和暂时性脱离耕地的原经营主体。永久性脱离耕地的原经营主体大多都有了稳定的收入，有能力在城镇购房定居，脱离农民身份，成为城市市民。暂时性脱离耕地的原经营主体在城镇没有稳定收入，没有能力在城镇购房，他们进城打工是为了赚取较高的收入来改善农村生活。当在城镇遇到障碍时，这类人群会考虑回到农村，他们依靠土地资源继续在农村生活。

（二）短期外出务工的经营主体

短期外出务工的经营主体，一般农忙时回家干农活，农闲时外出务工补贴收入，属于农工双收的群体。这一群体中有的家庭实行“男工女耕”的模式，家中的男劳动力外出务工，女劳动力则在家继续务农，顺便照顾家里的老人和孩子，也有一部分青年夫妻农闲时同时外出打工，家里的田地暂时由老人看管。随着农业机械化的推广，农业生产劳动效率提高，种地的时间明显缩短，使得这一群体具有更多的农闲时间，他们利用这些农闲时间外出打工，既可获得一定的种地收入，也能获得务工收入。这一群体的收入略高于农民的平均收入。在“打工经济”的背景下，农民外出务工的收入显然高于在家务农的收入。于是，我国农村开始出现“男工女耕”“少工老耕”的家庭分工模式，这种分工模式优化了劳动力的配置。这类家庭的农业收入主要用于维持日常生活支出，打工收入可以积攒起来用于其他支出。在这种情况下，农业收入虽然只是家庭收入的一小部分，但也是不可缺少的部分，如果只靠打工收入，生活开支将消耗掉一部分打工收入，必将减少家庭的经济结余。

（三）在乡兼业的经营主体

在乡兼业的经营主体是长期存在于农村中的一类经营主体，主要指那些居住在农村，但拥有非农职业的农民。在乡兼业的经营主体包括农村基层干部、乡镇企业工作者、乡镇医生、乡村教师、农村小商店的店主、工匠等。这个群体仍然在耕种一小部分土地，从土地经营中获得的收入只占家庭收入非常小的一部分，他们的经济来源主要是非农收入，生存主要依赖于兼职、兼业，对土地的态度也比较随意，对他们来说，土地可有可无，即使没有土地，也不会影响他们的生活。这一群体依然在农村生活，但他们主要从事的是非农职业，他们更关心的是非农收入，他们认为从事非农行业可以获得比从事农业更高的收入。相比纯粹从事农业生产的农民来说，这一群体具有较高的收入水平，生活相对富裕。

（四）以农为主的经营主体

以农为主的经营主体专心从事农业生产，家庭收入主要依赖农业，土地是他们赖以生存的资源。他们很少进城打工，即便是农闲时节也很少外出打工，同时，也较少在农村从事非农职业，他们是真正的“农民”。以农为主的经营主体，土地资源是他们赖以生存的资本，他们非常重视土地资源的开发利用。然而，我国土地资源有限，乌蒙山区人地关系矛盾突出，在“人均一亩三分，户均不过十亩”的小农经济模式下，仅仅依靠经营自己的土地，农业收入只能维持最低的温饱水平，不会饿肚子，但也没有多余的钱花。于是，他们开始流入其他人的土地，通过土地流入增加自己经营的土地数量，采取适度的规模经营，以此获得更多的家庭收入，提高生活水平。以农为主的经营主体流入的土地，大多是长期外出务工的经营主体的土地，租金相对较低，租期不确定。对于流入土地较多的农户来说，如果经营得好，也可以获得相对较高的收入。在低消费的农村，这样的收入已经可以算得上中等收入了。这样的家庭，生活相对宽裕。再加上农业现代化的推进，生产效率提高，农民的闲暇时间增多，他们可以更好地享受悠闲时光，生活也比较惬意。但也有一部分家庭因自身条件的限制，没有能力耕种更多的土地，于是就只能维持现状，不会流入或者流出土地。

（五）“新农人”经营主体

“新农人”是个时髦的角色。它是“互联网+”和土地流转政策等多重因素作用下的产物。“新农人”不能被简单地认为是新进入农业的从业者。“新农人”还包括一大批从事农业，一直在寻求创新和突破的农人。与以种植为生的传统农人相比，“新农人”有知识、有眼光、有技能、有追求。他们对农业这一古老产业的探索和突破，对传统个体农业经营方式的组织和融合，对传统乡村生活和农田土地的信赖和认可是共同的，虽然从个体来看，他们可能出身、能力、年龄、阅历具有巨大差异。“新农人”群体的崛起，为传统的农业经营注入现代要素，为乡村添加了勃勃生机。

二、不同经营主体对土地利用的态度及其影响

（一）长期外出务工的原经营主体对土地利用的态度及其影响

长期外出务工的原经营主体中，永久性脱离土地的农民，有的虽然已经转变为市民，但根据我国现行农村土地承包法的规定，农转非的农民依然保留土地承包权。长期外出务工的农民中，有的虽然户籍仍然在农村，但是他们已经在城市购房，长期居住在城市，这部分人实际上已经基本脱离了农村，不再经营土地，土地对他们来说已经无关紧要，可以称得上是新的城镇居民。他们一般会将自己在农村中的土地通过非正式的渠道流转给其他人耕种，也有一部分人将自己的土地直接撂荒。因为农业所带来的微薄收入远远比不上他们在城市打工的收入，所以，他们对土地的感情不深，也不会重视土地。另一方面，这一群体中的大部分人虽然不再重视土地，但他们为了自己进城后永远的“乡愁”，不会将土地卖掉，而是希望永久占有土地。

长期外出务工的原经营主体中，有一部分虽然暂时性离开家乡，举家进城务工或者经商，收入来源也暂时摆脱对农业收入的依赖，但由于知识层次较低，他们在城市只能从事一些简单的劳动，收入来源不稳定，不可能购买城市昂贵的住房，但有可能因为一次生意失败或者生了大病，耗尽多年的积蓄。在

这个时候，他们可能会考虑重新返回农村生活，土地是他们的后备资源。还有一部分农民，随着年龄的增大，在外漂泊多年之后，想念农村稳定的生活，重新回到农村经营自己的土地。因此，他们更加珍惜自己的土地，只要还在拥有土地承包权，他们就可以很快地重新适应农村的生产和生活。

（二）短期外出务工的经营主体对土地利用的态度及其影响

家庭里的年轻男子或夫妻共同外出打工，耕种土地主要由留守妇女或老人完成，短期外出务工人员一般是农忙季节回家种地，农闲时节进城打工，这样他们可以利用农闲的时间获得务工收入，也能通过农业生产获得农业收入。通过农业收入保障基本生活，通过打工收入提高生活水平。所以，从总体上看，短期外出务工的经营主体并没有完全离开农业生产，对土地的重视程度相对较高，他们会珍惜土地、关爱土地。他们非但不愿意将自己的土地流转出去，反而会考虑从其他农户手里流入小部分的土地。由于这一群体的基本生活依赖于土地，所以他们会精心管理土地，努力提高土地质量。

（三）在乡兼业的经营主体对土地利用的态度及其影响

在乡兼业的经营主体的收入主要来源于非农业收入。有的通过自身的专长开展手工业获得收入，有些参与农村基层管理获得收入。他们基本不依赖土地获得收入。虽然国家取消农业税后，农民从农业生产获得的收入有了明显提高，但这类人群仍然能够通过自身的特殊技艺，获取比农业收入更高、更稳定的收入，农业收入在他们的收入中占比较小，即使没有农业收入，也不会影响他们的生活。所以，尽管他们的家庭可能仍然耕种着自家的土地，也只是粗放经营，只是不想撂荒土地而已，他们的生活不会依赖土地。在乡兼业的经营主体中，掌握特殊技能的，一般都是受教育程度相对较高、比较聪明、相对年轻的人群。因此，这一群体并不会把主要精力投入到土地的经营之中，他们不会过多地考虑如何开发利用好土地。

（四）以农为主的经营主体对土地利用的态度及其影响

以农为主的经营主体以农业收入为主，对土地十分重视。他们当中也存在一些兼业农民，但他们对土地有着高度的依赖，主要收入来源依然是农业。当然，他们中也有极少一部分人在农闲时间偶尔地经营一些副业或者打短工，但时间都不长，收入也不多。大部分以农为主的土地经营者倾向于获得更多农业收入，所以，他们会从外出务工的亲戚朋友那里流入土地，开展小规模的土地经营。由于他们的土地经营具有一定规模，收入主要来源于农业，他们就比较关心国家的土地和农业政策，也会积极参与公共事务，从中获取更多的农业信息。然而，近年来，随着土地的“三权分置”和土地确权工作的推进，推动了土地的大规模流转，离土农户更倾向于将土地流转给租金较高的资本大户，以农为主的经营主体能够租到的土地越来越少，经营规模不断缩小，他们只能通过精细耕作和加强管理来提高粮食产量，获得更高收入。特别是以农为主的贫困户，他们只有很少的耕地，又没有充足的资金流入土地，靠自己现有的土地进行农业生产，仅能获得维持温饱的农业收入。他们十分重视和依赖土地，他们会精心呵护自己的土地，但又由于缺乏资金投入，无力改善耕地质量。

（五）“新农人”经营主体对土地利用的态度及其影响

“新农人”做农业有三种境界，一种是企业家，关注价格；一种是产业家，关注价值；还有一种是理想家，关注生态环境和土地本身。无论是哪种境界，他们对农业这一古老产业的探索和突破，对传统个体农业经营方式的组织和融合，对传统乡村生活和农田土地的信赖和认可，都源自对脚下土地的敬畏，对自然造化的信仰。他们认识到，近 30 年来，人们对土地不够友好，几乎导致了乡村的消失。我们的土地，“吃”得太杂，太多，消耗太大，负担太重。种子、农药（包括对土地不友好的有害物高残留农药）、农药袋、化肥（包括对土地不友好的化学肥料）、化肥袋、农膜、搭架用的纤维绳、棚膜、滴灌损毁的零部件，残留的蔬菜植株体（基本都是带病、带菌、带虫害的）等，都对农田土地产生了负面影响。老辈人喜欢讲“种地须养土”。但现实是，庄家一茬接一茬，前茬还没下田，后茬苗子已经育好。前赴后继的庄家不断攫取土壤中的营养，不知不觉中绝大多数耕地有机质含量降低了，土壤变得偏酸性了、土壤沙化严重了，导致土壤给养输氧渗水能力大大下降了。党的十九大报告中，“强化土壤污染管控和修复”作为着力解决突出环境问题的对策之一被提出。“新农人”相信“有机”是对土地的供养和回馈，他们格外珍惜土地，坚守“与天盟、与地盟”的原则，他们悉心呵护着土地，血液里流淌的是对土地的守护精神。“新农人”对土地利用的认识及态度，让人们重拾人与土地的亲密感。

乌蒙山区山高谷深、气候冷凉、耕地细碎且坡地占比较大，土地产出率较低，同时，人口众多、劳动力素质相对低下。乌蒙山区人地关系随着社会的发展，经历了一些变化，不同时期人们对土地的感情也有所不同，但总体表现为矛盾突出。为了满足众多人口的生活，土地被过度开发。然而，近年来，随着城镇化建设步伐的加快，大量年轻人离开土地外出务工，农业生产比较效益低下的问题更加凸显。人们对土地的感情逐渐淡化，使得越来越多的耕地撂荒，耕地质量迅速下降。2017 年底，国家乡村振兴战略的提出，为我国农业农村发展指明了方向。乡村振兴战略的“产业兴旺、生态宜居、乡风文明、治理有效、生活富裕”二十字方针中，产业兴旺是基础。要使农村产业兴旺，必须建立健全城乡融合发展体制机制和政策体系，建立起良好的“人—地—生态环境”关系，使人与自然和谐生存，这样才能获得可持续发展。乌蒙山区实施乡村振兴规划，要从人、地、钱三个方面施策，在分析不同经营主体及其对土地的感情的基础上，找到影响人地关系的因素。采取一系列土地扶贫措施，改善乌蒙山区人地关系，吸引更多人才下乡，为乡村振兴提供人、地保障。

第三章　乌蒙山区新型人地关系调整策略与政策研究——以寻甸县为例

第一节　人地关系协调发展评价方法

根据前面介绍的人地关系的相关概念及理论，我们可以得出区域人地关系协调发展就是要实现系统内各要素的协调发展的结论。本文中所述人地关系系统是由人口、经济、社会、资源、环境五部分构成的，这五个要素相互影响，但又各自独立发展，因此协调区域人地关系可以从这五个要素着手，促进要素自身的协调发展、促进要素之间协调发展。

一、人地关系系统的组成

人地关系系统的划分有很多种，而根据研究目的和研究内容的不同，所选取构成有所不同。有的学者从人和土地的关系入手分析，有的学者从经济与环境的角度入手，有的则从经济社会与资源环境的关系着手去研究人地关系。本文基于寻甸县的调研实际，认为寻甸县的人地关系不仅仅是人和土地的关系，还应该结合社会与环境来考虑。所以，将寻甸县人地关系分为“人”系统和“地”系统两大部分。“人”系统是指人类的生产生活，主要包括经济和社会要素，其中人口的数量和质量为区域人地关系协调发展提供智力支持，经济发展水平和发展前景则直接关系到人地关系是否能够可持续发展。“地”系统是指区域内的各种资源、环境因素。土地资源、水资源等各类资源可以满足一定区域内人类的物质需求，而建成区绿化覆盖率、生活垃圾无害化处理率等指标可以用来衡量区域环境状况。

二、人地关系协调评价指标体系的构建

（一）指标体系构建原则

只有建立起科学合理的指标体系才能更好地研究人地关系，因此，建立人地关系评价指标体系要充分考虑人地关系系统的各部分，不仅要有衡量经济和社会发展状况的指标，还要有测度区域资源和环境现状的指标。在指标选取的过程中要根据研究区域实际，选择合适的指标，全面系统并科学精简地选取指标。具体来说，要遵循以下原则：

理论联系实际原则。在选取指标的时候不仅要结合已有研究成果，还要考虑到研究区域实际情况，所选取的指标要符合研究区域人地关系的现状。就寻甸县来说，寻甸县的人地关系主要受旅游业的影响，因此指标选取要充分考虑旅游相关指标。

全面性原则。人地系统是一个复杂的系统，本文研究的也是大范围的人地系统，即经济社会与资源环境两者构成的系统。因此，在指标选取的时候既要考虑到人对资源环境的利用、改造和影响，也要考虑到地对人的支撑和限制。

数据可得性原则。由于指标体系的建立涉及大量的数据，而且必须是连续10年不间断的数据，因此，指标选取必须考虑数据的可获得性。

代表性原则。根据已有研究成果可以看出，影响人地关系的因素有很多。因此，在选取指标的时候一定要有代表性。在结合其他原则的基础上，尽量选取那些具有代表性的指标，这样，所选取的指标才能够很好地衡量研究区域的人地关系。

（二）构建人地关系协调综合评价指标体系

根据指标体系构建原则，在借鉴已有指标体系研究成果的基础上，结合寻甸县的实际情况，从经济、社会、资源、环境4个方面选取相应的指标（其中社会指标包含了人口指标），以此建立寻甸县人地关系协调发展评价指标体系（如表3－1所示）：

表 3－1　人地关系协调发展指标体系

目标层	准则层	一级指标	二级指标
人地关系协调发展	“地”系统 C1 0. 3031	资源指标 U1 0. 155	年末耕地面积 X1
			耕地年减少率 X2
			建成区面积 X3
			年降水量 X4
		环境指标 U2 0. 1476	固体废弃物处理率 X5
			工业废水排放达标率 X6
			建成区绿化覆盖率 X7
			生活垃圾无害化处理率 X8
			城镇生活污水集中处理率 X9
	“人”系统 C2 0. 6969	经济指标 U3 0. 2593	GDP 年增长率 X10
			人均 GDP X11
			农业总产值 X12
			重工业产值占工业产值比重 X13
			第三产业增加值占 GDP 增加值比重 X14
			第三产业产值年增长率 X15
			旅游业总收入 X16
			全年接待海内外游客人次 X17
		社会指标 U4 0. 4377	人口自然增长率 X18
			人口密度 X19
			城乡收入比 X20
			教育支出占财政支出比重 X21
			失业率 X22
			人均居住面积 X23
			城镇化率 X24

（三）指标权重的确定

建好指标体系以后，就要确定各指标的权重，为了更加客观地确定权重，排除各种客观因素的影响，本文运用熵值法来确定权重。熵值法（Entropy Method）是根据信息熵的原理，利用各指标值所提供的信息量的大小来确定指标权重的方法。熵值法最大的特点是能够客观地给各指标赋权。在一个系统中，某项指标的信息熵越小，该指标携带的信息量越大，指标权重也就越大，反之，信息熵越大，携带的信息量越小，指标权重越小。

熵值法的计算可以分为3步，第一步是数据标准化，第二步是计算指标的信息熵和信息效用值，第三步才是计算指标权重。详细步骤如下所示：

评价一个地区 m 年人地关系协调发展状况，指标体系中共有 n 个指标，那么该地区人地关系评价系统的初始矩阵 A 为：

$$X = \{X_{ij}\}_{n*m} (0 \leq i \leq n, 0 \leq j \leq m) \tag{3-1}$$

其中 X_{ij} 表示第 j 年第 i 项人地关系评价指标的数值。若指标值 X_{ij} 之间的差距越大，该人地关系指标在人地关系协调发展评价中所起的作用也就越大，反之越小。

数据的标准化。不同的统计数据，其单位和量纲有所不同，为了使得不同数据能够一同进行比较，首先要对初始数据进行处理，形成标准化矩阵 X'，方法如下：

数据的正项化处理：

$$X'_{ij} = \frac{X_{ij} - X_{min}}{X_{max} - X_{min}} \tag{3-2}$$

$$X'_{ij} = \frac{X_{max} - X_{ij}}{X_{max} - X_{min}} \tag{3-3}$$

其中 X_{max} 为第 i 项指标 m 年统计的最大值，X_{min} 为第 i 项指标 m 年统计的最小值，X'_{ij} 为标准化值。（3－2）公式适用于指标的值越大越好的指标，（3－3）公式适用于指标的值越小越好的指标。

对数据进行线性化标准处理：（计算第 i 项指标下第 j 年份指标值的比重 B_{ij}）

$$B_{ij} = \frac{X'_{ij}}{\sum_{j=1}^{m} X_{ij}} (0 \leqslant B_{ij} \leqslant 1) \tag{3-4}$$

得到数据标准化处理后的矩阵 $B = \{B_{ij}\}_{n*m}$

计算各个指标的信息熵 e 和信息效用值 d。

第 i 个指标的信息熵 e_i 的计算公式如下：

$$e_i = -k\sum_{j=1}^{m} B_{ij}\ln B_{ij} \tag{3-5}$$

式（3-5）中，K 为常数，$k = \frac{1}{\ln m}$

信息熵 e_i 与 i 两者之间的差值指的是指标信息效益大小，这个差值直接决定了指标权重的大小，差值越大，则指标权重越大。

$$d_i = 1 - e_i \tag{3-6}$$

计算各个评价指标的权重：

确定了指标的信息熵和效益大小以后，就可以计算指标的权重，计算公式见（3-7）：

$$w_i = \frac{d_i}{\sum_{i=1}^{n} d_i} \tag{3-7}$$

三、人地关系评价模型建立

本文采用杨士弘[31]提出的协调发展模型对人地关系进行评价。协调发展度模型综合了环境与经济发展指标的协调状况，并反映两者的发展程度，具有简便、概括与综合的特点，可用于不同城市之间、同一城市在不同时期环境与经济协调发展状况的定量评价和比较，也适用于对人地关系协调等级与发展阶段的评价。具体步骤如下：

（一）资源环境效益函数与经济社会效益函数

令 $X_1, X_2, X_3 \cdots X_m$ 为描述经济社会效益的指标，令 Y_1，$Y_2 \cdots Y_n$ 为描述资源环境效益的指标，建立人地关系系统的综合评价函数：

$$f(x) = \sum_{i=1}^{m} a_i \hat{x}_i \tag{3-8}$$

$$g(y) = \sum_{j=1}^{n} b_j \hat{y}_j \tag{3-9}$$

（3-8）式为人地系统的经济社会综合评价函数，即衡量区域经济社会效益大小的函数；（3-9）式为人地系统中资源环境综合评价函数，即衡量区域资源环境效益大小的函数。其中，a_i，b_j 是指所选取各指标的权重，权重可以根据上述的熵值法计算得出，X_i为经济社会类指标中的第 i 个指标在第 m 年的标准化后的数值，Y_j为资源环境类指标中第 j 个指标在第 n 年的标准化后的数值。指标标准化值已经通过前述熵值法计算得出。

（二）人地关系协调发展度评价模型

根据杨士弘协调发展模型，其计算方法如下：

$$c = \left\{ \frac{f(x)g(y)}{\left(\frac{f(x) + g(y)}{2}\right)^2} \right\}^k \tag{3-10}$$

$$D = \sqrt{C \times T} \tag{3-11}$$

$$T = \alpha f(x) + \beta g(y) \tag{3-12}$$

公式（3－10）中，c 为协调度，$k \geqslant 2$，根据已有研究成果，结合本文研究对象，本文中所涉及到的 $k = 2$。人地关系发展的协调表现为 $f(x)$ 与 $g(y)$ 两者之间的离差，两者之间的离差系数越小，表明人地关系发展越协调。

公式（3－11）中，D 为区域人地关系协调发展度；公式（3－12）中，T 表示的是区域人地关系中资源环境与经济社会的综合评价函数，它反映了区域资源环境与经济社会的发展水平，其中 α 与 β 分别是指两者在指标体系中的权重。考虑到资源环境与经济社会发展对城市和谐的贡献是同等重要的，因而，本文 α 与 β 取值均为 0.5。

（三）人地关系协调发展的判别标准

协调发展度可以定量地表示人地关系的协调发展水平，为了能有一个标准对协调发展水平进行衡量，使协调发展系数能对应定性标准，在借鉴现有研究成果的基础上，本文采用的衡量人地关系协调发展水平的标准如表 3－2 所示。另外根据 $f(x)$ 和 $g(y)$ 的大小关系，可以对人地关系协调性进行更为全面细致的判别。若 $f(x) < g(y)$，则表示这一时期的人地关系协调发展类型属于经济损益型，也就是说在这一时期，区域经济社会的发展水平滞后于环境保护水平，即经济发展水平尚未超过资源环境的承载力，还可以支持更高水平的经济发展，那么此时采取的对策应该是在保证环境质量的同时，大力发展经济，充分利用资源环境禀赋，实现更高水平的经济增长，实现人地关系的协调发展。反之，若是 $f(x) > g(y)$ 则表示人地协调发展类型属于环境滞后型，也就是说区域的环境保护落后于经济的发展，即经济发展水平超出了资源环境的承载力，一定程度上存在着以牺牲资源环境换取经济增长的现象。这种发展方式是不可持续的，资源总有耗尽的一天，环境恢复能力也有其最大限度，因此，这一时期应该将发展重点放在环境保护、合理利用资源上。只有经过这样细致的判断，才能更有针对性地采取措施促使人地关系协调发展。

表 3－2　人地关系协调发展的判别标准

协调发展度 D	0.30—0.39	0.40—0.49	0.50—0.59	0.60—0.69	0.70—0.79	0.80—0.89	0.90—1.00
协调等级	轻度失调	濒临失调	勉强协调	初级协调	中级协调	良好协调	优质协调

第二节　寻甸县人地关系现状

一、寻甸县地理概况

寻甸县地处东经 102°41′～103°33′，北纬 25°20′～26°01′，位于云南省东北部，昆明市北部，金沙江水系上游，处于金沙江与南盘江分水岭地带。贵昆铁路，东川铁路支线，昆曲、嵩待高速公路穿境而过，交通方便，是昆明市北出四川，东北出贵州的重要通衢。寻甸是山区县，山区、半山区面积占 87.5%，坝区面积占 12.5%。地处云贵高原中部，这里有高山、丘陵、坝子、坡地等地貌，地形条件也很复杂，喀斯特地形地貌散布全境，以河口镇最为独特。地势西北高、东南低，呈西北向东南倾斜阶梯状。山脉属乌蒙山系，多呈南北走向，山间点缀着低洼谷地或湖盆。境内大部分区域海拔在 1800～2600 米之间。全县呈现山原峡谷交错，逶迤绵延的雄伟地貌景观。

二、寻甸县人口情况

根据之前的分析，可以把 2000—2015 年寻甸县人口资料列为表 3－3。

表 3－3　寻甸县 2000—2015 年人口情况

年　份	人口（人）	增长量（人）	自然增长率（‰）
2000	492895	6448	7.5

续 表

年 份	人口（人）	增长量（人）	自然增长率（‰）
2001	496135	3240	5.6
2002	500846	4711	4.63
2003	503910	3064	6.09
2004	502329	-1581	7.57
2005	505351	3022	6.22
2006	515187	9836	4.1
2007	514792	-395	4.02
2008	523394	8602	3.04
2009	530697	7303	3.66
2010	538998	8301	3.62
2011	541958	2960	4.04
2012	543767	1809	3.92
2013	547554	3787	4.6
2014	551559	4005	4.63
2015	559342	7783	3.81

资料来源：2000—2015 年昆明年鉴、寻甸县国民经济和社会发展公报

从表 3-3 中可看出，寻甸县 2010 年总人口为 538998 人，在昆明人口总数中所占比例为 8.4%，比昆明市各县的平均人口总数要高。在我国 2000 年的第五次人口普查中，寻甸县人口总数为 492895 人，仅十年时间，人口总数上升了 9.35%，人口总数增加了 46103 人，年平均增长率达到 0.49%。2000 年第五次全国人口普查的数据显示，寻甸县每个家庭户的平均人口数量为 3.05 人，而 2010 年的全国人口普查的数据显示，寻甸县家庭户平均人口数量则降为 2.73 人[1]，家庭规模进一步缩小。这反映出寻甸县人口生育水平的下降和人们家庭观念的变化。寻甸县人口在 2000—2015 年增加了 6.6 万人，人口总数达到了 559342 人，年平均增长率达到 0.43%，人口增长变缓，增幅呈下降趋势。然而该增长速度具体涉及到了人口增长加速与减速两个方面内容，并且在不同年度会有一定的增长形势差异。基于人口自然增长率对寻甸县人口增长过程进行衡量，结果如图 3-1 所示。

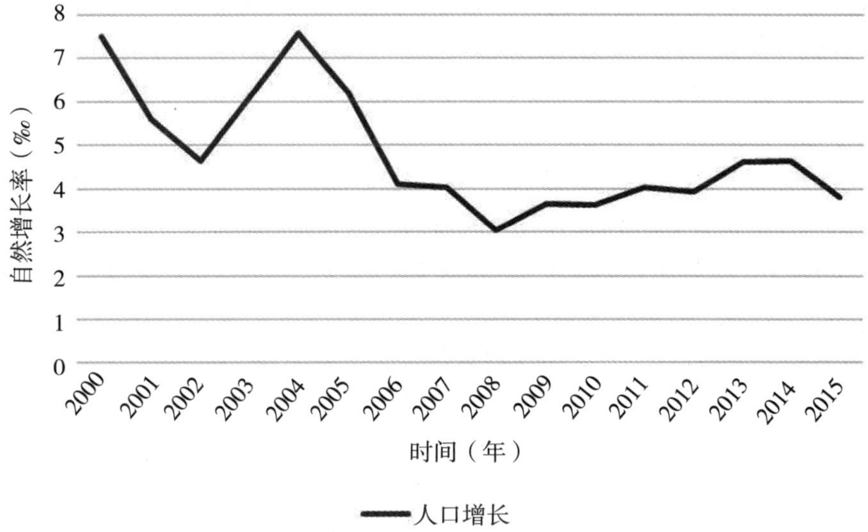

图 3－1　寻甸县人口增长过程

从图 3－1 中可知，2000—2002 年寻甸县人口自然增长率大幅下降，形成增长曲线的一次较大幅度凹陷，至 2002 年自然增长率骤降了 2.87‰，而后在 2004 年恢复至 7.57‰，2004 年也是人口自然增长率最高的年份，2004 年前两年人口自然增长率的增长幅度呈上升趋势，而 2004 年之后则呈下降趋势。从整体来看，2000 年至 2005 年间，人口自然增长率都超过了 4.5‰，属于高速增长时期。从 2005 年起，人口自然增长率的发展趋势可以划分为两个阶段，2005—2008 年为减速增长阶段，2009—2015 年为波动增长阶段。如此一来，寻甸县 2000 年至 2015 年的人口自然增长率的发展过程可以被划分为 4 个阶段：（1）2000 至 2002 年为增长率大幅下降阶段；（2）2003 至 2004 年属于人口高速增长阶段；（3）从 2005 年起一直到 2010 年属于人口减速增长阶段；（4）自 2011 年起一直到 2015 年为人口波动增长阶段，总体呈增长趋势，但是增长速度不断减缓，甚至中间出现一些浮动。以下将详细分析这四个不同的阶段。

（1）增长率大幅下降阶段。寻甸县自然增长率骤然下降出现在 2000—2002 年，虽然没有出现负增长但人口自然增长率已降至 1968 年的水平，自然增长率下降的直接原因体现在计划生育引起的生育率下降以及人口结构过快少子化和老年化，间接因素是自然灾害导致贫困加剧。计划生育的缺点是它只能计划新增人口，不能计划存量人口，尤其是无法计划减少老年人口，其所减少的大部分是新生人口，由此造成了人口老龄化的问题。2000 年的全国人口普查结果显示，我国生育率在之前的十年中已经低于 1. 5，这说明平均每名育龄妇女只生了不到 1. 5 个孩子，明显低于 2. 1 的更替生育率（即维系每代人口数量保持不变的生育率），而低于 1. 5 的生育率则意味着一代人口数量要比上一代人少 30%。另外，寻甸县非农业人口只占人口总数的 5. 8%，自然灾害如寻甸县 1999 年发生的泥石流、地震和 2000 年的冰雹等都严重降低了农业人口的收入水平，收入的降低也暂缓了农业人口对新生儿的生育计划。两方面因素的共同影响导致了 2000—2002 年人口自然增长率的大幅下降。

（2）高速增长阶段。2003 年人口自然增长率不断上升，并于 2004 年达到最高水平，人口自然增长率为 7. 57‰，在此之后尽管出现了下降趋势，可是因为人口自然增长率均在 6‰以上，2003—2005 年仍可以看作高速增长阶段。

（3）减速增长阶段。较快的减速实际上是从 2005 年开始的，在 2005—2008 年，人口自然增长率从 6. 22‰下降到 3. 04‰，这 3 年间总体降幅达 3. 18 个千分点，降幅较大。从 2006 年开始，人口自然增长率开始降到 4. 2‰以下，进入到减速阶段。

寻甸县人口自然增长率的下降幅度很快，2006 年的人口自然增长率为 4. 1‰，仅用了两年时间就下降为 3. 04‰，年均下降幅度达到 0. 53 个千分点，可是尽管下降幅度不断变大，寻甸县人口仍表现出增加的趋势，从 2005 年至 2010 年，人口总数一直增加。

（4）波动增长阶段。进入 2011 年寻甸县人口呈现出减速增长的趋势，这属于自然增长率低条件下出现的波动增长。

这一阶段也出现过增减速波动增长的现象，可是从整体来看，人口自然增长率仍表现出平稳上升的趋势。2014 年的人口自然增长率与 2002 年相同，都为 4. 63‰，这说明人口自然增长率从 2002 年到 2014 年出现了一次循环。

寻甸县人口继续保持增加趋势，人口总数于 2015 年达到 559342 人，较 2011 年增加 17384 人，增长势头有所放缓。

由以上的分析可知，2000—2015 年，寻甸县人口增长趋势逐渐趋于平缓，增长幅度下降，但每一个阶段的增长幅度存在一定的差别，可以划分为加速增长过程和减速增长过程。

三、寻甸县土地情况

本文利用耕地面积的变动情况来表示土地变动情况，本文搜集了研究时间范围内的昆明年鉴、昆明统计年鉴以及寻甸县国民经济和社会发展统计公报，整理得出耕地变化情况。具体如表 3 – 4 所示。

表 3 – 4 寻甸县 2000—2015 年耕地面积变化

单位：公顷

年 份	耕地面积	年 份	耕地面积
2000	35873	2008	33074
2001	35555	2009	32939
2002	35028	2010	32909
2003	33395	2011	32830
2004	33361	2012	32830
2005	33188	2013	33988
2006	33143	2014	34090
2007	33236	2015	34880

资料来源：2000—2015 年昆明统计年鉴、昆明年鉴

近年来，政府进一步认识到保护耕地的重要性，在工作中加大对耕地的保护力度，颁布实施了《云南省人民政府关于加强耕地保护促进城镇化科学发展的意见》云政发（2011）185 号文件，自文件发布以来，云南省委、省政府立足省情，把“保护坝区农田、建设山地城镇”作为转变发展方式的突破口和关键点，“城镇朝着山坡建，良田留与子孙耕”，集约、节约利用土地[2]。自 2011 年以来，全省共搭建融资平台 59 个，到位资金 235. 93 亿元，在监督耕地保护工作的同时加大对耕地保护的宣传。土地整治工作取得了显著的成效，补偿工作也基本顺利完成，这在一定程度上增加了耕地面积。寻甸县耕地面积变化过程可用下图 3 – 2 表示。

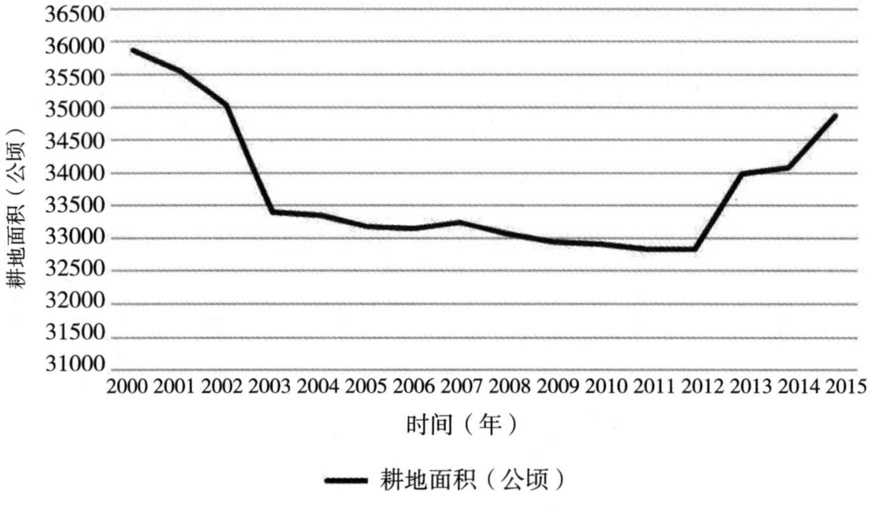

图 3－2　寻甸县 2000—2015 年耕地面积变化过程

从图 4－2 可以看出，寻甸县耕地面积先是减少，之后再增加，尽管出现了上下波动，但整体变动幅度十分有限。2011 年以后，耕地面积逐渐递增，特别是 2013 年增长幅度较大，比 2012 年净增加 1158 公顷，在这之后，耕地面积连年上升。之所以会出现耕地面积增加的现象，主要原因在于云南省政府为耕地保护提供了财政支持，同时加大耕地保护的监督管理和宣传力度，并且通过颁布和执行《云南省低丘缓坡土地综合开发利用试点项目管理暂行办法》等具体措施，搭建资金保障平台，依法推进试点工作。如图所示，自云南省人民政府推出相关文件后，寻甸县耕地面积基本处于逐年增加的趋势，2000—2015 年增长幅度可分为三个阶段：第一阶段从 2000 到 2003 年，耕地面积逐年递减；第二阶段从 2003 到 2011 年，耕地面积没有出现明显的增减；从 2012 年至 2015 年为第三阶段，耕地面积以较大的增长幅度逐年增加。

四、寻甸县人地关系情况

通过表 3－5 和表 3－6 可以分析出 2000 年至 2015 年的人地比率。本文利用耕地面积数据代替土地数据，通过分析寻甸县耕地面积数据来归纳人地关系特征。我们将统计年鉴资料中的耕地面积与每年的人口数量相除就能得到近几年寻甸县人地比率：

$$y = a/b \tag{3-13}$$

其中，y 表示寻甸县人地比率，a 表示寻甸县历年耕地面积，单位：亩；b

表示寻甸县历年人口数量，单位：人。

基于上式能够计算出近年来寻甸县的人地比率，具体可见表 3－5 所示。

表 3－5　2000—2015 年寻甸县人地比率

单位：亩/人

年　份	人地比率	年　份	人地比率
2000	1.09	2008	0.95
2001	1.07	2009	0.93
2002	1.05	2010	0.92
2003	1.01	2011	0.91
2004	1.00	2012	0.91
2005	0.99	2013	0.93
2006	0.96	2014	0.93
2007	0.97	2015	0.94

资料来源：根据表 3－3 和表 3－4 数据计算得出

通过表 3－5 可以发现，2010 年寻甸县人地比率为 0.92，也就是说每人拥有耕地 0.92 亩，这比 2010 年全国人地比率 1.05 低 0.13[3]，在 2000—2015 年，寻甸县人地比率从 2000 年最高时的 1.09，降低至 2011 年的最低点，达到 0.91 亩，人均耕地面积下降了 0.18 亩。之所以出现这种情况，主要原因在于人口总数增加，耕地面积下降，或者耕地面积增长水平低于人口增长水平。

如果将寻甸县人地关系用人地比率这一指标来表示，那么图 3－3 可以显示寻甸县人地关系变化情况。

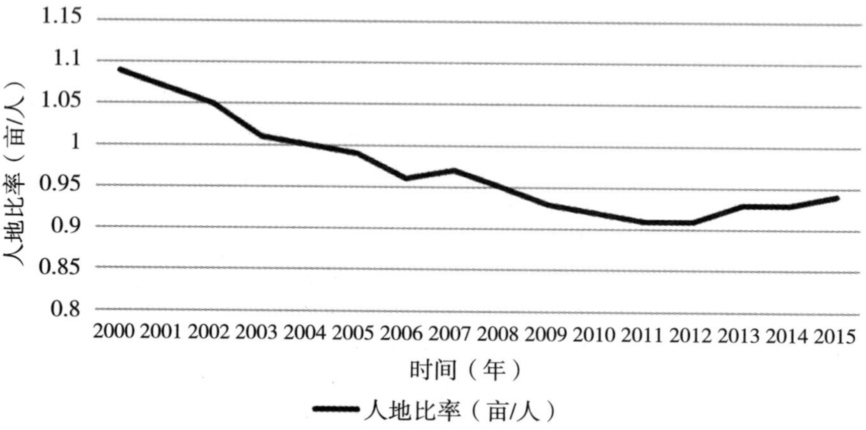

图 3－3　寻甸县 2000—2015 年人地关系变化过程

从图 3－3 可以看出，寻甸县 2000—2015 年人地比率的变化趋势是递减的，但减少的幅度不大。2011 年《云南省人民政府关于加强耕地保护促进城镇化科学发展的意见》云政发（2011）185 号文件下发后，人地比率下降的势头减弱。2012 年人地比率与 2011 年持平，之后出现回升的态势，耕地增加速度超过人口增长速度，这是严格落实云南省耕地保护政策的必然结果。从图中可以发现，寻甸县多数年份的人地比例呈下降趋势，偶尔会出现向上的波动。从 2000 年开始一直到 2015 年，根据人地比率波动情况可以将这些年份划分为三个阶段：首先是第一阶段，指的是 2000 年至 2006 年，人地比率处于逐年递减趋势，且下降幅度较大；第二阶段是 2007 至 2012 年，人地比率呈下降趋势，但下降幅度减小；第三阶段指的是 2013 年至 2015 年，人地比率表现出增加的趋势，尽管增长幅度有限，可是却很稳定。

人地比率的变动在一定程度上能够反映人口数量与耕地面积的变动情况。人口数量处于总体上升的趋势，而耕地面积却在逐年下降，只有个别年份不符合这一特征。2000 年的人地比率为 1.09，而 2011 年的人地比率降到最低水平，只有 0.91，人均耕地面积减少了近 0.2 亩，这种情况多是由于人口和耕地面积发展速度不协调造成的。人口数量如果与 2000 年基本持平，人地比率下降是由耕地面积减少造成的，到 2011 年人地比率应为 1.01，比实数据少 0.08。如果耕地面积维持在 2000 年水平，因人口增加造成的人地比率下降，到 2011 年人地比率应为 0.99，比实数据少 0.1，这表示寻甸县近 15 年人地比率的下降中，因人口增长引起的人地比率下降所占比例为 51.3%，而由于耕地面积减少导致的人地比率下降所占比例为 48.7%。

通过以上分析可以发现，人口因素是人地关系发展的控制性变量，能够在很大程度上影响人地比率变化，所以人地比率变化能够更好地将人口增长情况反映出来。区域人地系统的优化和调控要以人口控制为手段，以人口优化为目标。2000—2011 年，耕地面积连年下降，人口稳步增加，人地比率连年下降。从 2011 年起，一直到 2016 年，由于寻甸县实施 16 个建设总规模 7693.62 公顷，新增加耕地 1174.54 公顷，同时，人口增长的速度也有所减慢，使人地比率下降幅度趋于缓和。

第三节　寻甸县人地关系协调发展评价

一、人地关系指标权重的确定

根据上述研究，本文对寻甸县 2007—2016 年这 10 年的人地关系协调发展状况进行定量评价。所用原始数据来源于寻甸县年鉴（2008—2017）和寻甸县 2007—2016 年国民经济和社会发展统计公报等。

首先对原始数据进行标准化处理，其结果如表 3－6 所示：

表 3－6　寻甸县人地关系协调指标数据标准化值

指标/年	2007	2008	2009	2010	2011	2012	2013	2014	2015	2016
X1	0.2520	0.2360	0.1348	0.1111	0.1130	0.0750	0.0480	0.0266	0.0035	0.0000
X2	0.0955	0.1186	0.0000	0.1065	0.1435	0.0853	0.1007	0.1087	0.1059	0.1354
X3	0.0000	0.0283	0.0780	0.0861	0.0871	0.1088	0.1399	0.1418	0.1489	0.1810
X4	0.0000	0.0178	0.0310	0.0547	0.0737	0.0927	0.1732	0.2174	0.2704	0.0691
X5	0.1824	0.2702	0.1302	0.0519	0.0001	0.0000	0.0472	0.0256	0.1157	0.1768
X6	0.1375	0.2000	0.1325	0.2025	0.2075	0.0325	0.0325	0.0325	0.0225	0.0000
X7	0.1646	0.1260	0.0000	0.0729	0.1795	0.0941	0.0941	0.0941	0.0890	0.0858
X8	0.0000	0.0519	0.0735	0.1499	0.1500	0.1555	0.1192	0.0785	0.0449	0.1767
X9	0.1332	0.1332	0.1332	0.1332	0.1332	0.0395	0.0000	0.0567	0.1046	0.1332
X10	0.0912	0.1684	0.1241	0.1096	0.1145	0.0755	0.1198	0.0000	0.1641	0.0328
X11	0.1172	0.1124	0.0963	0.1124	0.1766	0.2247	0.1445	0.0161	0.0000	0.0000
X12	0.0000	0.0148	0.0298	0.0497	0.0766	0.1198	0.1504	0.1669	0.1866	0.2054

续　表

指标/年	2007	2008	2009	2010	2011	2012	2013	2014	2015	2016
X13	0.0000	0.0646	0.1579	0.0846	0.1203	0.0858	0.1018	0.1149	0.1221	0.1479
X14	0.0476	0.0952	0.0476	0.0476	0.0000	0.0000	0.0476	0.2381	0.1905	0.2857
X15	0.0709	0.1144	0.0698	0.0781	0.1256	0.2037	0.1172	0.0000	0.1004	0.1200
X16	0.0000	0.0045	0.0096	0.0041	0.0054	0.0488	0.1070	0.1613	0.2487	0.4106
X17	0.0117	0.0000	0.0117	0.0265	0.0447	0.0757	0.1134	0.1506	0.1921	0.3736
X18	0.0894	0.0999	0.1089	0.1373	0.1220	0.0668	0.1078	0.0763	0.1915	0.0000
X19	0.1474	0.1010	0.0838	0.1553	0.1346	0.1344	0.1112	0.0662	0.0662	0.0000
X20	0.1675	0.1725	0.1716	0.1752	0.1247	0.0916	0.0779	0.0128	0.0062	0.0000
X21	0.0949	0.0772	0.0000	0.0934	0.1389	0.1064	0.1148	0.1151	0.0991	0.1603
X22	0.3313	0.2108	0.0904	0.1265	0.0301	0.0301	0.0000	0.0602	0.0602	0.0602
X23	0.0000	0.0337	0.0588	0.0901	0.1061	0.1282	0.0916	0.1456	0.1638	0.1821
X24	0.0048	0.0093	0.0328	0.0000	0.0944	0.1397	0.1451	0.1661	0.1903	0.2175

对标准化后的数据按照公式3－5，3－6计算各指标的信息熵、信息效用值，然后根据公式3－7计算指标权重，计算结果如表4－7所示：

表3－7　寻甸县人地关系协调发展指标权重值

目标层	准则层	一级指标	二级指标	指标权重
人地关系协调发展	“地”系统C1 0.3616	资源指标U1 0.2121	年末耕地面积X1	0.0558
			耕地年减少率X2	0.0165
			森林覆盖率X3	0.0270
			建成区面积X4	0.0530
			年降水量X5	0.0597
		环境指标U2 0.1495	固体废弃物处理率X6	0.0521
			工业废水排放达标率X7	0.0214
			建成区绿化覆盖率X8	0.0281
			生活垃圾无害化处理率X9	0.0232
			城镇生活污水集中处理率X10	0.0248

续　表

目标层	准则层	一级指标	二级指标	指标权重
人地关系协调发展	“人”系统 C2 0.6384	经济指标 U3 0.3910	GDP 年增长率 X11	0.0488
			农业总产值 X12	0.1140
			重工业产值占工业产值比重 X13	0.0195
			第三产业增加值占 GDP 比重 X14	0.0678
			第三产业产值年增长率（%）X15	0.0326
			旅游收入占 GDP 比重 X16	0.0310
			全年接待游客人次 X17	0.0774
		社会指标 U4 0.2474	人口自然增长率 X18	0.0213
			人口密度 X19	0.0209
			城乡收入比 X20	0.0460
			教育支出占财政支出比重 X21	0.0179
			失业率 X22	0.0577
			人均居住面积 X23	0.0277
			城镇化率 X24	0.0559

据熵值法计算过程可知，若指标权重值大则表明该指标在人地关系协调中的作用越大。

从表 3－7 来看，“人”系统的权重值为 0.6384，大于“地”系统的权重值 0.3616，这表明在寻甸县发展的现阶段，人地关系中“人”系统的发展要比“地”系统更为重要，而提供人口质量，实现经济增长、社会进步才是当前发展的重点。

一级指标中经济指标 U3 和社会指标 U4 所占比重较大，这也进一步表明寻甸县的发展更加倾向于经济社会的发展。另外，从表中可以看出资源类指标的权重值为 0.2121，与社会类指标权重 0.2474 相差不大，说明资源环境作为经济社会发展的基础和重要支撑也仍旧发挥着不可替代的作用。

对24个指标的权重值进行一个由大到小的排序，可以得出，在排名前10的指标中，经济指标、社会指标、资源指标、环境指标的个数分别为4、2、3、1，这也说明，农业总产值排在寻甸县人地关系发展的第一位，其次是资源和环境的发展。权重值排在第一的指标是农业总产值，这与寻甸县经济主要是农业经济的实际是相吻合的。第三产业的指标也位于前列，这说明在寻甸县人地关系系统中，来自非农产业的指标对人地系统协调有着重要影响。

二、寻甸县人地关系发展综合评价函数

根据公式3－8和3－9、表3－7所列出的权重值，以及各指标值得到寻甸县2007—2016年经济社会综合评价函数$f(x)$（如表3－8所示），以及经济社会发展趋势图（如图3－4所示），以及资源环境综合评价函数$g(y)$（如表3－9所示），以及资源环境发展趋势图（如图3－5所示）。

表3－8　寻甸县2007—2016年经济社会评价函数$f(x)$值

年	2007	2008	2009	2010	2011	2012	2013	2014	2015	2016
$g(y)$	0.1978	0.2547	0.1627	0.1945	0.2063	0.1229	0.1435	0.1296	0.1796	0.1615

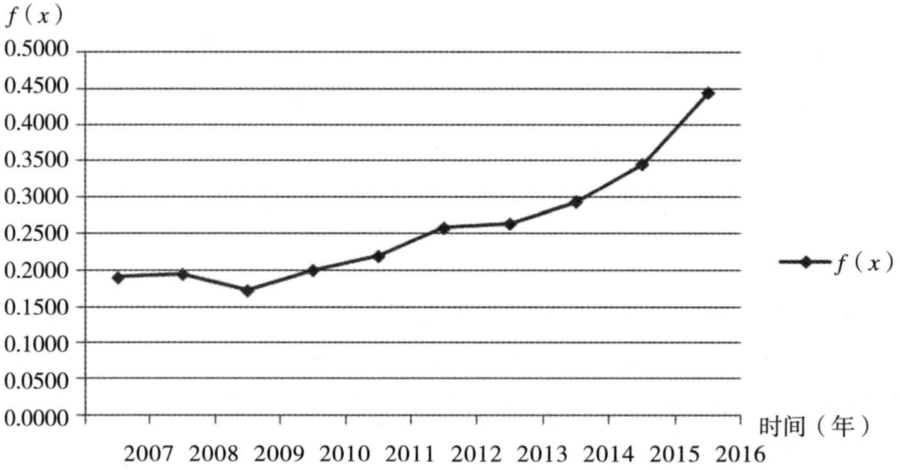

图3－4　寻甸县2007—2016年经济社会发展趋势图

根据表3－8和图3－4所示，寻甸县2007—2016年经济社会发展基本上呈逐年上升的态势，经济社会的评价指数从2007年的0.1903发展到2016年

的 0.4437，增加了一倍多，从图 3－4 可以看出 $f(x)$ 自 2010 以后一直是快速增长的，说明这一阶段经济社会获得了较为持续的高速增长。根据发展趋势图，可以将寻甸县的经济社会发展划分为两个部分，一部分是 2007—2010 年，这一阶段经济社会评价指数都在 0.2 以下，说明寻甸县经济发展水平不高，且有一定的波动性；另一部分是 2011—2016 年，经济社会的发展指数达到 0.2 以上，且稳定上升，这一时间段，寻甸县经济和社会进入一个快速发展时期。尤其是 2015—2016 年这一时间段，仅仅通过一年时间，发展指数就从 0.3456 上升到 0.4437，这也说明寻甸县经济社会发展能力较强。

表 3－9 寻甸县 2007—2016 年资源环境发展评价函数 $g(y)$ 值

年	2007	2008	2009	2010	2011	2012	2013	2014	2015	2016
$g(y)$	0.1978	0.2547	0.1627	0.1945	0.2063	0.1229	0.1435	0.1296	0.1796	0.1615

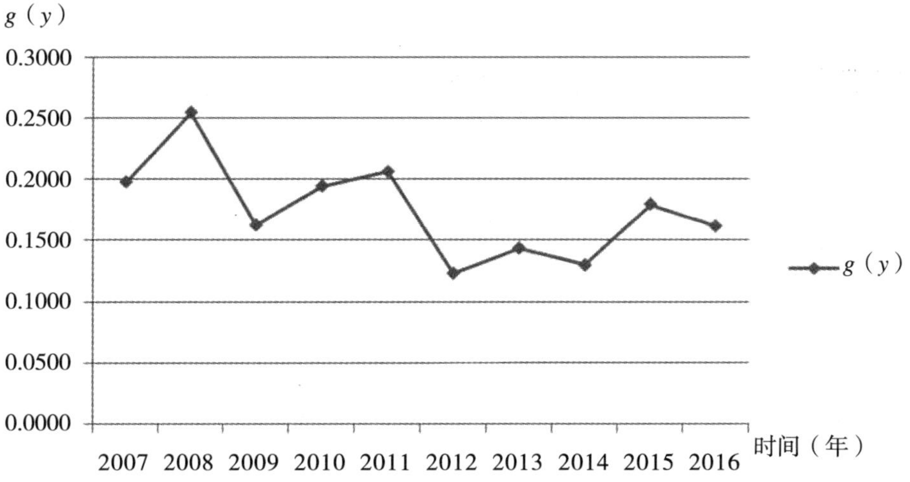

图 3－5 寻甸县 2007—2016 年资源环境发展趋势图

一般来说，资源环境的评价指数越高，代表区域资源环境基础条件越好，相应地其产生的效益也就更高，那么资源环境对当地经济社会的支撑作用也就越明显。分析结果表明，2007—2016 年寻甸县的资源环境产生的效益总体呈现下降趋势，而且波动性较大。这说明寻甸县在经济社会的快速发展的同时，人口的急剧增加导致对资源的耗费增加、对环境的污染和对生态破坏加重，从而使得资源环境对经济社会发展的支撑能力减弱，无法满足经济社会发展的需求。从图 3－5 可以看出，寻甸县“地”系统发展呈现出峰谷图的特点，一年上升一年下降，说明寻甸县在发展经济的过程中，曾重视资源环境的发展，但是持续度不高，资源环境发展存在着高度的不稳定性。在 2014—2016 年这段时间，寻甸县资源环境评价指数相较于 2012—2013 年间有显著提高，尤其是在 2015 年达到这一阶段的最高值，这与当时寻甸县重视环境保护并采取一系列措施是有直接联系的。

三、寻甸县人地关系协调发展度

根据协调发展度模型的计算方法，计算寻甸县 2007—2016 年的人地关系协调发展度，结果如表 3－10 所示，同时绘制了寻甸县人地关系协调发展度趋势图，见图 3－6。

表 3－10　寻甸县 2002—2011 年人地关系协调发展度（D）

年	2007	2008	2009	2010	2011	2012	2013	2014	2015	2016
D	0.4404	0.4658	0.4090	0.4443	0.4612	0.3815	0.4119	0.3909	0.4612	0.4304

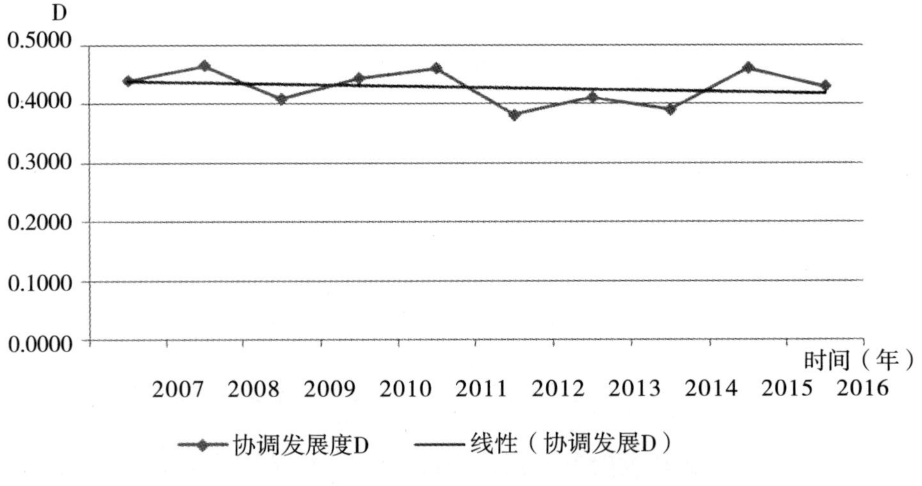

图 3－6　寻甸县 2007—2016 年人地关系协调发展度趋势图

通过表 3－10 和图 3－6 可以看出，寻甸县从 2007 年到 2016 年 10 年之间“人”系统与“地”系统的协调发展度比较平稳，略有下降趋势但不明显，10 年的协调发展度均值为 0.4297，发展水平较低，属于濒临失调型。自 2014 年以后，人地协调发展度略有上升，这一结果表明，寻甸县经过多年的经济社会发展，人地矛盾日渐明显，但是自2014年，寻甸县政府加强了环境治理，采取一系列强有力措施恢复环境，在此背景下，寻甸县人地关系状态已经逐步往失调程度减轻的方向发展，但人地矛盾问题仍然有些突出。

第四节　寻甸县人地关系演变过程与影响因素分析

一、寻甸县人地关系演变过程

寻甸县人地关系的协调发展度在研究期内呈现上下波动的状态，但整体呈现一个下降趋势，“人”系统和“地”系统两个子系统在研究期内呈现此消彼长的关系。协调发展度指数从2007年的0.4404到2016年的0.4304，下降了0.01，10年间变动不是特别大，仅在2012年和2014年协调发展指数低于0.4，根据人地关系协调发展的判别标准，寻甸县人地关系协调发展水平基本上保持在濒临失调水平。从图形上看，可以将寻甸县人地关系演变大致划分为3个阶段：

第一阶段是2007年至2009年。这一阶段，寻甸县人地关系协调发展指标值先是由0.4404上升至0.4658，再下降至0.4090，下降幅度达到7.13%，这一阶段处于濒临失调阶段。这三年，经济社会和资源环境的平均综合评价指数为0.1859、0.2051，两者的发展水平都较低，说明寻甸县人地关系在此阶段处于濒临失调的较低水平。若是在经济发展的同时重视环境保护，是可以实现较高经济水平上的人地关系协调的。

第二阶段是2010年至2012年。这一阶段，寻甸县人地关系协调度指标由0.4443上升至0.4612再下降至0.3815，下降幅度达到14.13%，超过第一阶段下降幅度，而且2012年协调发展度降为0.3815，处于轻度失调阶段。这三年，经济社会和资源环境平均综合评价指数为0.2263、0.1746，经济社会发展程度相较于第一阶段有所上升，但是资源环境状况却在下降，说明这一阶段寻甸县的发展侧重于经济社会的发展，而忽视了资源环境的保护，一定程度上存在以资源环境换取经济社会发展的现象。

第三阶段是2013年至2016年，人地关系协调发展指标值波动明显，但是总体呈现增长的趋势。这一阶段的最大值出现在2015年，为0.4612，最小值出现在2014年，为0.3909，由轻度失调阶段转变为濒临失调阶段，说明经济社会与资源环境发展的协调度正在提高，人们已经逐步意识到以资源环境换取经济增长是不科学的，是不利于人地关系协调的。很明显这一阶段资源环境的保护受到了重视。

再看图3－7，2007年—2008年，$g(y)$ 位于 $f(x)$ 上方，$g(y)>f(x)$，属于经济发展滞后型，在此期间经济社会发展滞后于资源环境发展，现有的资源环境还能支撑更高水平的经济增长，在这一阶段，大力发展经济是社会的主要任务，应该在更高经济水平上实现人地关系协调；2009—2011年，两条曲线接近重合，此时 $g(y)\approx f(x)$，属于环境经济同步型，在这一阶段，资源环境与经济社会的发展较为协调；在2012—2016年，$f(x)$ 与 $g(y)$ 之间的距离越来越大，$f(x)>g(y)$，属于环境滞后型，在此阶段，经济发展快于环境发展，资源环境的支撑力变弱，若是不加以限制保护，将会导致资源环境的进一步恶化，难以维持现有的经济发展水平，这就要求寻甸县在以后的经济发展过程中要重视环境保护，采取节能减排、循环经济等有效措施来减少在经济发展过程中污染物的排放。从2007—2016年，寻甸县经历了经济滞后型—环境经济同步型—环境滞后型的变化历程，这一变化历程说明寻甸县经济社会发展的过程中，随着资源环境的利用强度加大，其资源总量和环境承载力在逐渐下降，资源环境对经济社会发展的支撑力在逐渐减弱，若是想实现长远发展，必须意识到环境保护的重要性，也要转变发展思路，从单纯追求经济增长转变为经济和环境同步发展。

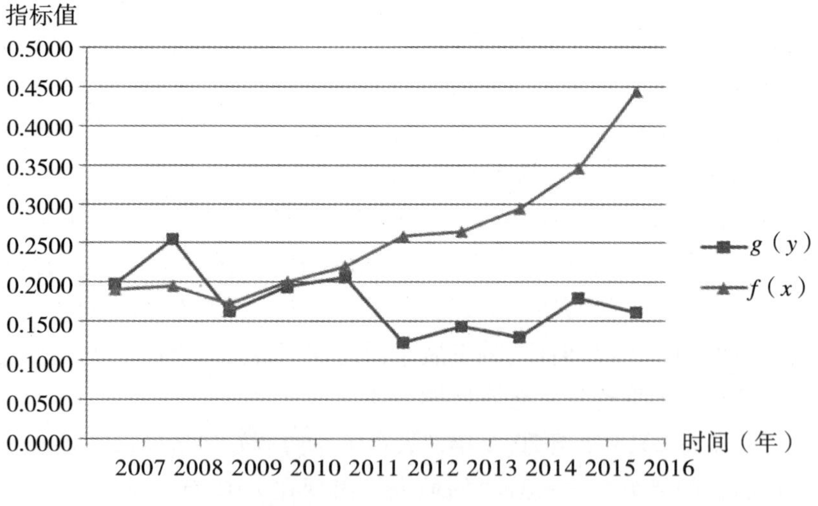

图3－7　寻甸县人地关系经济社会和资源环境综合评价函数对比

以现阶段的情况来看，寻甸县人地关系处在濒临失调发展阶段，资源环境尚能支持一定水平的经济发展，若是任由其发展恶化，现有的资源环境基础已经无法为经济社会发展提供明显的支撑作用，或者说经济社会的发展将以牺牲资源环境为代价。另外，寻甸县经济社会评价指数要高于资源环境评价指数，人地关系正处于处在资源环境损益阶段，这也说明目前经济社会发展对资源环境的发展影响很大，例如人类过度的利用旅游资源，进行旅游开发，会破坏旅游地原有的生态，其次，人口增加也会导致环境污染问题日益严重。经济社会的快速发展严重影响了资源环境的健康有序发展。

二、寻甸县人地关系影响因素分析

（一）人口结构和人口素质

“人”系统中最基本和最具主动性的因素是人。经济的发展、社会的进步、资源的利用和环境的保护都离不开人，因此人口的数量、结构和质量对人地关系协调发展起着重要的作用。

寻甸县 2010 年总人口为 538998 人，在昆明人口总数中所占比例为 8.4%，比其他县的平均人口总数要高。在我国 2000 年的第五次人口普查中，寻甸县人口总数为 492895 人。仅 10 年时间，人口总数上升了 9.35%，人口总数增加了 46103 人，年平均增长率达到 0.49%。2000 年第五次全国人口普查的数据显示，寻甸县每个家庭户的平均人口数量为 3.05 人。而 2010 年第六次全国人口普查的相应数据则降为 2.73 人[4]，家庭规模进一步缩小反映出寻甸县人口生育水平的下降和人们家庭观念的变化。寻甸县人口在 2000—2015 年增加了 6.6 万人，使总人口达到了 559342 人，年平均增长率达到 0.43%。

（二）经济发展水平和产业布局

地区经济发展水平与资源环境利用效益呈现正相关关系，一般来说，经济发展水平越高，利用资源环境产生的效益越高，反之，经济发展水平越低，消耗资源环境带来的效益越低，甚至会产生资源的浪费。而地区的经济产业结构的不同，相应的资源环境的利用重点和强度也会不同。经济发展就像一把双刃剑，一方面，经济发展必然会消耗资源，产生污染、破坏环境的情况，这是负面的影响；另一方面，经济的发展又能够给资源和环境的保护提供资金支持，这是正面的影响。这种双面的影响是相伴相生的，因此只能在经济发展的同时抑制其负面影响，做到既发展了经济，又不以破坏和消耗资源环境为代价。寻甸县在发展初期，由于技术水平落后、基础设施陈旧、思想观念滞后，再加上缺乏科学的发展思路，使得经济发展不健康，过分追求经济增加值，出现了对资源的不合理开发利用，导致资源浪费的现象。

第二产业及三产业的快速发展，意味着对资源的利用强度加大。一方面，过度的开发会使得用地需求增加，相应，便会减少农业用地，寻甸县就存在人均耕地面积逐年下降的现象；另一方面带来人口的增加，尤其是季节性的旅游人口增加，加大环境压力，破坏生态平衡，影响原有动植物的生存。由此可见，过度的开发虽然在一定时间内带来了经济的高速增长，但是这种增长是以资源环境的消耗和破坏为代价的，是不可持续的。在现实情况中，很多时候都是在经济利益的驱使下，旅游业都是只盯住经济效益，而忽视了对环境的保护，从而形成了一种“开发程度越高，人地关系失调越严重”的不良格局。这一情况也是导致寻甸县人地关系矛盾的自然和社会原因。

（三）耕地占用和土地利用情况

近年来，寻甸县城镇化的进程不断推进，城镇化水平不断提高。而随着城镇化进程的加快，寻甸县土地利用呈现出耕地面积不断下降，城镇土地规模迅速扩张等突出特点。

近年政府进一步认识到保护耕地的重要性，在工作中加大对耕地的保护力度，颁布实施了《云南省人民政府关于加强耕地保护促进城镇化科学发展的意见》云政发（2011）185 号文件。自文件发布以来，云南省委、省政府立足省情，把“保护坝区农田、建设山地城镇”作为转变发展方式的突破口和关键点，“城镇朝着山坡建，良田留与子孙耕”，集约、节约利用土地[5]。自 2011 年以来，全省共搭建融资平台 59 个，筹措资金 235.93 亿元，在监督耕地保护工作的同时加大对耕地保护的宣传。土地整治工作取得了显著的成效，补偿工作也基本顺利完成，在一定程度上增加了耕地面积。

（四）环境因素

环境条件在寻甸县人地关系发展中发挥着不可取代的作用。就寻甸县来说，地理环境、水环境和生态环境是影响寻甸县人地关系协调的主要环境因素。任何环境条件都有其承载力上限，一旦经济社会的发展超出这些限制，就会对环境产生较大的负面影响，如环境污染、生态破坏等。寻甸县环境的恶化，究其原因是人口的变化和对资源特别是土地的要求日益提高。可以说，人地矛盾加深与当地追求经济粗放式发展是密不可分的。因此，如何协调好人与环境的关系，成为寻甸县人地关系协调的重要部分。

（五）外部因素

人地关系系统作为一个开放的系统，其协调发展除了受其内部各因素影响外，系统外部条件的改变也会影响其发展。就寻甸县来说，其人地关系协调面临的重要外部条件改变即是以土地为核心的资源环境保护观念深入人心，政府资源环境保护政策日趋严厉，环境治理力度逐渐加大。近年来，寻甸县政府把环境治理提到了一个前所未有的高度，对土地的保护力度更是达到了前所未有的强度。无疑，但凡环境整治总是会触及部分人的既得利益，受到阻碍，这也从侧面反映出人地关系的核心矛盾问题：如何协调好“人”和“地”之间的关系。但是即使有阻碍也要继续，政府加大环境治理力度，颁布更为严厉的环保政策，虽然会损及部分人的利益，或者以寻甸县一定时期的经济发展为代价，但是这种付出是值得的，以当前的较少损失换去更长远的发展，有利于寻甸县人地关系更加长远、更加健康的协调发展。

第五节　乌蒙山区新型人地关系调整的优势、劣势

一、优　势

（一）乌蒙山区国土资源的多样性

乌蒙山区以高原为主，多为高山和高海拔山地，局部为高原平坝地区，除水土流失区和不宜开发区外，局部地区为高山和平坝耕地、人工林、天然林区、草地以及丰富的能矿区，适宜发展绿色畜牧业、主题畜牧场、特色畜牧场，发展民族经济、生态经济、循环经济、低碳经济。多样的资源优势适合发展农牧复合经济、种养殖复合经济、农畜复合经济、林畜牧复合经济、畜牧加工业经济、畜牧科普业经济、畜牧观光业经济、生态旅游业经济、生态休闲业经济。

（二）非农产业发展对土地利用需求的降低

乌蒙山区农民收入增长的最主要渠道是非农产业收入，而且其在农民纯收入中的比重呈逐渐上升趋势。农民增收依赖自然资源，靠山吃山、靠水吃水的自然状态，减少了第一产业从业人员数量，促进土地规模经营和产业化发展，降低了对土地利用的需求，提高了农产品的附加值，拉长了农业产业链，对提升农业产业层次，提高和稳定农产品价格，发挥了重要作用。

（三）乌蒙山区人民群众对国土高效利用的渴望

乌蒙山区属于后发地区，交通、能源、水利等基础设施历史欠账多，扶贫搬迁、生态移民等区域发展与脱贫攻坚建设任务重，土地垦殖率高，水土流失严重，农田基础设施薄弱，中低产田占总耕地面积的三分之二。通过开展土地利用总体规划，并实施定期评估和适时修改，及时将扶贫开发重点工程和重大项目纳入土地利用总体规划，并根据扶贫开发规划确定的城市定位、人口规模、产业结构，统筹城乡土地利用、耕地保护、产业发展、基础设施建设、生态建设和移民搬迁，合理调整建设用地结构与规模，优化耕地和基本农田保护布局，提高土地利用总体规划与扶贫开发规划的契合度。支持乌蒙山区大力开展土地整治及高标准基本农田建设。大力推进该区农用地整治，加大资金投入力度，增加有效耕地面积，提高耕地质量，支持自然灾害损毁耕地的复垦工作，可以稳定提高农业生产力，改善农村生活条件，特别是提高贫困地区的粮食自给率。

二、劣　势

（一）自然条件恶劣

乌蒙山片区位于云贵高原与四川盆地结合部，山高谷深，地势陡峻，为典型的高原山地构造地形，是自然条件恶劣、生态环境脆弱的喀斯特地区，生态贫困致使经济贫困，经济贫困又加剧了生境恶化。

（二）山地多平坝少

土壤普查结果表明，在乌蒙山区总面积中，海拔在 1900 米以上的山地较多，占土地总面积的 87.53%，万亩以上的坝子较少，千亩以上坝子较多，平坝面积仅占总面积的12.5%。山地多，山沟和峡谷的地形起伏，给发农业展生产造成一定困难。

（三）人均占有耕地数量少

乌蒙山区土地总面积相对较大，人均占有土地11.5亩，低于云南省人均土地面积地面积14.4亩的水平和全国人均土地面积地面积12亩的水平。耕地相对较少。

（四）土地开发利用难及后备资源少

在土地总面积中，未利用的土地较多，包括荒草地、沼泽地、石沙地、裸岩石砾地、田坎和其他地，占土地总面积的比重较大。仅有少部分宜农荒地，可开垦为农耕地。耕地后备资源少。

（五）劳动力素质有待提升

受各地区城市化水平、经济结构、社会发展水平以及就业机会等的影响，乌蒙山区外出务工人数大幅增加，户籍人口连年逐渐下降，尽管劳动力总量丰富，但是年龄偏大偏高，人口分布不均衡、技能素质偏低。

第六节　调整的机遇与挑战

一、机　遇

（一）乌蒙山区人地关系系统优化的要求日益强烈

对于资源、环境与社会三方面高度协作的先进产业共生模式，在资源中，土地是最核心的系统优化基础，人是其中最活跃的因素。在乌蒙山区人多地少、山多地少、人口劳动技能仍然不高的情况下，优化乌蒙山区的人地关系，并进行系统强化，以实现人地关系的新突破，显得日益重要。

（二）精准脱贫背景下对乌蒙山区人地关系调整的全社会关注

乌蒙山区是全国十四个连片贫困地区，也是自然条件最恶劣、生产生活基础设施最疲弱、人地关系最紧张、精准脱贫压力最大的深度贫困地区。随着精准脱贫国家战略的实施，原国土资源部定点挂钩扶贫乌蒙山区，对人地关系的调整进入了全社会的视野，大家的关注程度也愈来愈高。

（三）自然条件限制要求更高效的人地关系调整的技术

乌蒙山片山高谷深，地势陡峻，为典型的高原山地构造地形，是自然条件恶劣、生态环境脆弱的喀斯特地区，要求更高效的人地关系调整方式和技术，对国土科技的要求会更高，这样才会对扶贫起到更好的作用。

二、挑　战

（一）保障粮食安全与经济作物结构调整的矛盾

通常而言，与粮食作物相比，单位面积耕地种植经济作物的收益高，这导致了适度扩大经济作物种植面积的需求，但切实保障国家粮食安全的战略要求使经济作物结构调整面临两难抉择。乌蒙山区人口较多而耕地较少，在有限的土地上进行种植业的选择就变得比较矛盾。通过国土开发，实现土地质量的提升和数量的增加，可以增加粮食产量，保障粮食安全。但是，大幅度的经济作物的结构调整，虽然会提高土地的利用价值，增加贫困农民的收入，但是对区域粮食安全来说，就需要一定的取舍。

（二）土地利用与脆弱生态环境保护之间的矛盾

土地利用与生态环境协调发展是实现土地资源可持续利用的重要途径，乌蒙山区土地资源与经济社会发展、生态环境保护之间的矛盾比较尖锐，协调土地利用与生态环境保护的关系任务艰巨。

（三）农民经营农村土地的积极性普遍下降

乌蒙片区耕地分散不连片，土地细小碎化，分散式的小农经营导致单位面积产出低，生产效率极其低下。农民经营农村土地的积极性普遍下降，严重阻碍了农业的现代化，土地资源的规模效益无法充分发挥出来。分散的耕地也阻碍农业技术的改良。在小片土地上经营农业，现代化的农业机械无法派上用场，有些更小的土地甚至连耕牛都使用不上，农民们要赤手赤足在田里劳作。农业“拖”住大量人口，单位农田有增长无发展，陷入“农业的内卷化”。

随着城镇化和工业化的发展，乌蒙山区耕地面积不断萎缩，耕地土壤质量不断下降，大量农村劳动力向城市（镇）转移，致使农村土地撂荒严重，耕地利用率和产出率显著滑坡。一些耕地因为地形地势的原因被抛荒，一部分荒废耕地被占用。农村土地没有被充分利用起来，未成为农业增效、农民增收的工具。

同时，片区内土地开发利用方式落后，顺坡垦殖、陡坡毁林种粮等粗放的种植方式依然普遍，水土流失面积不断扩大，造成越穷越垦，越垦越穷的恶性循环。以贵州乌蒙山片区为例，该片区属于喀斯特强烈发育区，可溶性碳酸盐岩出露面积达到63.01%，水土流失问题严重，普遍存在石漠化问题，水土流失和石漠化致使土地生产力衰退，生态环境严重破坏，脆弱的生态环境减弱了抵御自然灾害的能力，农业生产效率低下。

第七节　调整策略

一、合理引导人口流动

由于城市化和工业化发展进程加快，尤其是东部沿海地区经济发展速度加快，产生了巨大的劳动力需求。农民大量涌入城市，为城市建设做出了巨大贡献。可是由于受到多种因素的影响，很多城市近些年出现了用工荒的现象，这种现象客观上导致农村地区人地矛盾加深。

随着农村人口向城市地区的迁移，乌蒙山区人口增长得到有效抑制，寻甸县控制人口增长的主要策略仍然是支持和鼓励人口向外迁移。从当前来看，沿海地区经济发展速度不断加快，对劳动力的需求量不断加大。经济的飞速发展要求劳动者必须具备相对较高的文化素质，同时也对劳动技能提出了较高的要求。所以，地方政府应该充分发挥自身力量，组织各种各样的技能和文化培训活动，使劳动力的文化素质和劳动技能都得到很大的提高。这样一来，他们在劳动力市场中才能占据优势地位，而寻甸县人口迁出的数量才能达到一定的水平，当地的人地矛盾才能得到有效解决。

现代经济的快速增长离不开人力资本的支持，优质的人力资本不仅能使自然资源的利用效率大大提高，而且也可以与其他生产要素一起共同增加经济效益。从当前来看，寻甸县人力资本积累与投入远远落后于云南省整体水平。乌蒙山区受教育程度低的人口依然占较大比重。国家制定了科教兴国战略，严格落实九年义务教育政策，不断增加教育投入，逐渐消除城乡之间教育资源分配的不平衡现象，在一定程度上提高了当地劳动力的基本素质。乌蒙山区是国家级贫困区，这些战略和政策在实施上具有一定的滞后性，需要政府的高度重视和大力推动。必须将农村发展同教育、科技、文化紧密联系在一起，提高当地成人科学文化水平，使其树立正确的世界观、人生观和价值观，消除落后思想的影响，加大对低素质人口生育行为的控制力度，在发展经济的同时注意改善自然环境。建立全方位、一体化的农业科技推广体系，为乌蒙山区农业基地建设提供充足的人力资源支持。

二、进行科学评价与分区

乌蒙山区人地关系地域系统的稳定性和可持续性已经受到严重影响，致使系统各因素之间的关系出现不协调，产生生态退化、环境污染、资源枯竭、水循环破坏等整体系统逆向演替的迹象。在系统结构优化（顺向演替）的同时，时刻存在着恶化（逆向演替）的可能。因此，乌蒙山区人地关系地域系统对于开发的适宜性和时序性相当敏感，换句话说就是亟需对全区地域空间进行科学评价和功能划分。

城镇周边、交通沿线和平坝等城镇化和工业化水平较高的区域，一般是乌蒙山区发展较好的重要区域，也是带动乌蒙山区经济社会发展的龙头区域。对于乌蒙山区人口和经济的聚积区，应通过加快基础设施建设，创造良好开发环境，积极承接限制开发区和禁止开发区的人口转移，扩大城市化规模，增强中心城镇辐射带动能力，将其发展成为支撑全省经济发展的重要增长极。与此同时，也要事先做好生态环境、基本农田等的保护规划，减少工业化和城镇化对生态环境的不利影响，避免出现生态退化和环境污染等问题。

具有较高生态功能价值和食物安全意义的区域，一般是乌蒙山区资源环境承载能力较弱或生态环境恶化问题严峻的地区，这些地区不适合大规模地推进工业化和城镇化，应坚持保护优先、点状开发的原则，以生态修复和环境保护为首要任务，重点进行基本农田和生态环境等的保护，因地制宜地进行农业、农林产品加工业、生态旅游等低密度产业的开发，禁止发展没有资源优势并有损生态环境的产业。

不能进行调整或者不需要调整的区域，一般是依法设立的各类自然保护区、历史文化遗产、重点风景区、森林公园、地质公园和重要水源地等。作为禁止开发区，以后要实行强制保护，禁止一切对自然生态的人为干扰活动，维持生态平衡和自然特色。经济社会发展主要靠政策转移和扶持来推动，开展有限的旅游服务业活动。

三、形成高效的耕地利用和保护制度

耕地在土地资源中属于稀缺资源，经济发展以及人口数量的不断攀升必然导致耕地面积不足的现象。因此，我们必须加大对耕地的保护力度，适当扩大耕地面积，制定严格的制度措施控制非农业建设占用耕地的现象，并通过成立基本农田保护区来保护现有耕地。

我们可以通过开发后备耕地资源来扩大耕地面积，当前寻甸县的后备耕地资源主要包括如下几种：居民用地、林地、园地、水域、交通用地以及尚未开发的土地，以上后备耕地资源相对较充足，因而可以有效缓解人口与耕地之间的矛盾。在开发后备耕地资源的过程中要关注自然资源，不能出现破坏自然环境的现象，因为如果破坏自然环境，耕地资源会进一步减少。

前文已经提到，当前城市化和工业化进程不断加快，可是城市土地资源无法满足城市化和工业化发展的需要，因此极易出现耕地资源被非法占用的情况，人地之间的矛盾会更加严峻。因此必须对非农业用地侵占耕地资源的现象进行严格的控制，加大耕地保护力度。不仅要消除耕地资源被非法占用的现象，还要集中精力推动农业健康发展。在这一过程中，政府要扮演好“桥梁”的角色，保护非农业建设用地与耕地之间的平衡。

乌蒙山区土地类型众多、地形复杂，多山地、丘陵地形。要因地制宜，种植适应各类土地生长的植物，使植被不容易被破坏，保持水土。寻甸县以其热作资源优势及连接国内外市场的区位优势，为其保持在西部地区农业生产中的重要地位提供了必要条件。但需要注意的是，这里不仅自然灾害相对频繁，而且过度耕种的现象也普遍存在，因此水土流失现象十分严重。全区现有水土流失面积 9137.84 平方千米，占总国土面积的 43.49%。其中，轻度水土流失面积占水土流失总面积的 93.82%，强度水土流失面积占总面积的 3.8%，极强度水土流失面积占 1.4%，剧烈水土流失面积占 0.98%。同时，寻甸县的土地荒漠化现象十分严重，不仅如此，过度耕作的现象也十分严重。自然灾害的发生，也导致耕地面积不断减少，因此应当注重生态环境的治理，保护现有耕地，控制土地荒漠化。基于此，我们必须高度重视这一问题，减少化肥使用量，增施有机肥，调整土壤结构，改变粗放型经营方式为集约化经营方式，加大对自然环境污染的治理力度，严格控制水土流失，保护耕地资源。

四、发展非农产业减轻对土地利用的压力

合理利用乌蒙山区稀缺的土地资源，实现土地资源配置的最优化。乌蒙山区要实现农业农村优先发展、乡村振兴、精准脱贫、城镇化发展、粮食安全、生态保护等一系列重大问题的解决，就需要进一步发展非农产业，缓解对土地的压力，提高土地利用效率，有效实现农村剩余劳动力的转移，增加农民收入。

第四章　乌蒙山区传统扶贫实践与国土开发的关系研究

第一节　乌蒙山区贫困的现状及特点

一、乌蒙山区贫困现状

乌蒙山区属国家14个脱贫攻坚重点片区之一，位于云贵高原与四川盆地结合部，是我国14个集中连片特殊困难地区中除藏区以外最贫困的片区。片区内共有38个县，其中14个是国家扶贫重点工作县。片区内贫困人口多，群众收入低，住房困难突出，茅草房、石板房比例高，土地贫弱，灾害频发。

表4-1　乌蒙山片区贫困人口数

单位：万人

年　份	2011年	2013年	2015年
贫困人口（万人）	680.3	496	373

2012年2月23日，国务院扶贫开发领导小组在云南省昭通市召开了会议，正式启动乌蒙山片区区域发展与脱贫攻坚工作。得益于国家对乌蒙山片区扶贫工作的重视，2011—2013年三省片区38个县地区生产总值、地方财政一般预算收入、固定资产投资、农民人均纯收入分别增长36.5%、50.9%、66.9%、41.6%，贫困人口从680.3万减少到496万，贫困发生率从32.3%降至24.1%；至2015年，乌蒙山片区贫困人口减少到373万人，贫困发生率下降到18.5%（见表4-1）。从2013年开始，乌蒙山区各州市县贫困人口减少幅度逐渐加快，农村贫困发生率下降明显。

乌蒙山云贵川三省片区2015年贫困人口分布情况分别如下：

表4-2　乌蒙山云南片区2015年贫困人口分布

片　区	县（市、区）	贫困村（个）	贫困人口（万人）
云南片区	禄劝县	70	2.52
	寻甸县	69	8.06
	会泽县	209	32.9
	宣威市	98	15.89
	昭阳区	90	14.35
	鲁甸县	66	11.32
	巧家县	93	15.16
	盐津县	55	9.7
	大关县	68	7.3
	永善县	90	11.62
	绥江县	22	4.07
	镇雄县	196	34.57
	威信县	65	3.86
	彝良县	101	17.03
	武定县	59	9.83
	合计	1351	198.18

资料来源：根据云南省扶贫办、各县（市）政府工作报告统计计算。

乌蒙山云南片区包括了昆明、曲靖、楚雄、昭通4个市（州）15个县。截至2015年底，贫困人口有198.18万人，占乌蒙山区贫困人口的53.13%，贫困发生率为21.53%。其中昭通市占到云南片区的11个县（区），昭通市2015年底还有贫困村813个，贫困人口111.95万人。在15个县中，贫困人口最多的是镇雄县，数量达34.57万人，占昭通贫困人口的31%，其贫困发生率也是最高的，达24.09%。

表 4-3　乌蒙山贵州片区 2015 年贫困人口分布

片　区	县（市、区）	贫困村（个）	贫困人口（万人）
贵州片区	桐梓县	121	4.24
	习水县	127	9.00
	赤水市	51	1.79
	七星关区	282	14.73
	大方县	224	17.07
	黔西县	209	10.10
	织金县	333	19.78
	纳雍县	245	15.84
	威宁彝族回族自治县	314	19.15
	赫章县	287	13.43
	合计	2193	125.13

资料来源：贵州省 2015 年统计年鉴。

乌蒙山贵州片区 2015 年贫困人口 125.13 万人，占乌蒙山片区贫困人口的 33.55%，仅次于云南省（见表 4-3）。

表 4-4　乌蒙山四川片区 2015 年贫困人口分布

片　区	县（市、区）	贫困村（个）	贫困人口（万人）
四川片区	叙永县	90	7.17
	古蔺县	117	5.00
	沐川县	43	2.60
	马边彝族自治区	95	3.60
	普格县	103	2.85
	布拖县	163	3.01
	金阳县	150	3.15
	昭觉县	191	4.65
	喜德县	146	2.70
	越西县	208	3.93

续 表

片 区	县（市、区）	贫困村（个）	贫困人口（万人）
四川片区	美姑县	272	3.58
	雷波县	171	3.94
	屏山县	78	3.89
	合计	1827	50.07

资料来源：根据四川省扶贫办、各县（市）政府工作报告统计计算。

乌蒙山四川片区共涉及4个市（州）13个县。贫困人口由2010年的108.77万人，减少到2015年的50.7万人，占乌蒙山片区总贫困人口的13.59%，贫困发生率由2010年的29.23%下降到2015年的11.7%。四川省在三省中贫困人口占比是最少的（见表4－4）。

二、乌蒙山区贫困特点

（一）贫困分布广泛

乌蒙山区地处云贵川三省交会地带，是我国14个集中连片特殊困难地区中除藏区以外最贫困的片区，片区内共有38个县，其中14个是国家扶贫重点工作县。乌蒙山片区包括四川、贵州、云南三省10个市（州）38个县（市、区），其中四川省13个县、贵州省10个县（市、区）、云南15个县（市、区），国土总面积为10.7万平方千米，是集革命老区、民族地区、边远山区、贫困地区于一体，是贫困人口分布广、少数民族聚集多的连片特困地区。该片区贫困人口因病因灾返贫的现象非常普遍，甚至还有较大一部分特困群众丧失了基本生存条件，必须进行易地扶贫搬迁。

（二）贫困人口比重大

乌蒙山云南片区包括了昆明、曲靖、楚雄、昭通4个市（州）15个县。截至2015年底，云南片区贫困人口198.18万人，占乌蒙山区贫困人口的53.13%，贫困发生率21.53%。四川片区贫困人口50.07万人，占乌蒙山区总贫困人口的13.59%，贫困发生率11.7%。贵州片区涉及10个县，贫困人口125.13万人，贫困发生率为14.6%。不论是贫困人口数还是贫困发生率都高于本省和全国水平。2015年，乌蒙山片区贫困人口减少为373万人，云南片区贫困人口仍然有198.18万人，其中昭通就有111.95万贫困人口，占云南省471万贫困人口的近四分之一，贫困人口居全省第一。云南省贫困人口最多的两个县都在该片区内，2015年，会泽县贫困人口32.92万人，是云南省贫困人口数量最多的县，镇雄县贫困人口7.44万户28.25万人，占全市的25.23%，贫困人口占全省的6%、贫困人口居全市第一、全省第二。

（三）贫困程度深

乌蒙山区的38个贫困县中，32个是国家扶贫开发工作重点县，6个是省重点县。整个片区贫困面大、贫困程度深，人口增长快，贫困现象复杂、贫困类型综合，是扶贫攻坚难啃的一块“硬骨头”，在中国14个连片特困区域中，乌蒙山区的深度贫困，在全国最为突出。贵州省的赫章县河镇乡海雀村的“苦甲天下”，是乌蒙山区贫困的缩影。这些深度贫困人口大多地处边远民族地区，主要聚居于自然条件恶劣、经济落后的深山区、高寒山区和少数民族地区、革命老区，交通不便，科技文化落后，自我发展能力低，返贫率高。根据张琦、陈伟伟等2015年1月发表于云南民族大学学报（哲学社会科学版）的文章《连片特困地区扶贫开发成效多维动态评价分析研究——基于灰色关联分析法角度》的分析可知，国家连片特困地区扶贫开发政策实施三年多，乌蒙山区扶贫成效综合排名和发展现状排名均在13个被评价的片区（不含西藏片区）中排名倒数第一。排名不佳最主要的原因就是贫困程度深，扶贫难度大。

（四）民族贫困问题突出

乌蒙山区集革命老区、民族地区、边远山区、贫困地区于一体，跨省交界面积较大、且少数民族聚集。区内居住着回族、彝族、苗族、白族、土家族、布依族、仡佬族等少数民族，是国家民族团结进步示范区。少数民族地区由于历史和自然地理原因，困难群众多，群众困难多，贫困程度深，减贫难度大，脱贫任务重，贫困问题依然十分突出。少数民族地区民族问题与贫困问题交织，少数民族贫困问题是现阶段我国扶贫开发进入啃硬骨头、攻坚拔寨冲刺期的聚焦点，是全面建成小康社会进入决胜阶段的最短板。据2015年国家统计局对全国31个省（自治区、直辖市）16万户农村居民家庭的抽样调查，民族八省区农村贫困人口占全国总量的比重为32.5%，其中贵州、云南在民族八省区中，贫困人口比重较大，且贫困人口主要集中在乌蒙山区。

（五）贫困差距继续呈扩大趋势

近年来，随着经济社会的高速发展，GDP 和居民人均收入大幅增加，虽然乌蒙山片区也进入高速发展的阶段，贫困地区落后面貌总体有了改善，但边远、少数民族贫困地区的交通、饮水、上学、就医、住房等公共服务设施严重不足，发展不平衡，与发达地区的差距继续呈扩大趋势。越是贫困的地区需要建设的项目越多，在国家补助的基础上，需要群众个人自筹的资金也就相对较多，但是县财政十分困难，贫困群众的生活水平较低，支持发展的配套资金和农民自我投入极为有限。相反，财政收入及居民收入较多的地方，群众个人自筹资金筹集容易，获得扶贫项目的几率较大，发展机会更多。乌蒙山区大部分是国家扶贫开发工作重点县，财政收入和居民收入极低，获得的项目有限，使得该地区与其他地区的贫富差距拉大。如：2014 年，乌蒙山地区的昭通市的 GDP 为 670 亿元，人口为 534 万人，人均 GDP 为 12548 元，折合 2000 美元。而云南全省的人均 GDP 为 27369 元，约折合 4450 美元。乌蒙山区的贵州省毕节市 2014 年的 GDP 为 1265 亿元，人口为 654 万人，人均 GDP 为 19350 元，约折合 3100 美元。而贵州全省的人均 GDP 为 26415 元，约折合 4300 美元。毕节与昭通一样，人均 GDP 都排在所在省的末尾。2014 年，北京市人均 GDP 约为 10 万元（按 2013 年常住人口计算），折合 14888 美元。可以看出，乌蒙山片区与省内其他地区有差距，与发达地区的差距巨大。

三、乌蒙山区贫困的原因

（一）生存环境恶劣，土地资源贫乏

乌蒙山区位于云贵高原与四川盆地结合部，山高谷深，地势陡峻，为典型的高原山地构造地形。该区域山高、坡陡、谷深，气候冷凉，生存环境恶劣。耕地质量较差，25 度以上坡耕地占耕地总面积比重大，耕地大都在 30 度甚至 40 度以上的山坡上。水土流失严重，土壤极其瘠薄。根据国家相关的主体功能区区划，属于限制性开发地区。然而，该片区人口增长较快，人均耕地少，土地产出低，人地矛盾尖锐，扶贫开发与环境保护的矛盾十分突出。比如乌蒙山区最贫困的昭通地区人均耕地不到 1 亩，部分耕地坡度在 40 度以上。该区域开发历史较长，人口基数大，人口密度高，人地矛盾突出。以昭通为例，巨大的人口基数已远远超过土地的承载能力，每平方千米的平均人口密度达 200

多人，高于全省116人的平均水平。上海是全国人口密度最高的地方，它的郊县每平方千米也只有776人，而镇雄县乌峰镇每平方千米有921人，泼机镇每平方千米890人，人口密度均超过上海郊县。土地资源贫乏，经济发展后劲不足，农民脱贫致富难。

（二）基础设施薄弱，农业生产条件差

片区内农业基础设施非常薄弱，交通通达率低，水利化程度低，工程性缺水问题突出，能源建设滞后，信息化建设缓慢，农业综合生产能力弱。片区内交通主干道网络尚未形成，道路等级低，47.4%的县城不通二级公路。15.1%的乡镇不通沥青（水泥）路。76.8%的行政村不通沥青（水泥）路。31.3%的行政村不通公路。没有完成农网改造的行政村占38%，不通电的自然村占9%。区域内水利设施薄弱，工程性缺水、资源性缺水问题突出，基本农田有效灌溉率只达到37.2%，还有32%的农户存在饮水困难，比例高于全国的其他地区。由于基础设施的薄弱，该片区的农业生产条件较差，缺水、缺地、交通不便成为农业发展的巨大阻力。

（三）自然灾害频繁，因灾致贫返贫现象突出

乌蒙山区干旱、洪涝、风雹、凝冻、低温冷害等气象灾害，滑坡、泥石流等地质灾害频发，生态环境脆弱。同时，因为开发历史较早，生态破坏严重，人口负荷压力大，土地承载超负荷，过度开发，自然生态环境恶化。该区域多年来地震、低温冰冻、干旱、滑坡泥石流、风雹、洪涝、病虫害等自然灾害频繁，且由于经济发展长期滞后，片区内建筑抗震率极低，减灾防灾体系又不健全，导致该片区内灾害受损极其严重，因灾致贫、因灾返贫现象突出。以昭通市2009年为例，有11个县区、143个乡镇、1178个村不同程度受灾，受灾人口304.7万人，因灾死亡39人，失踪2人，因灾倒塌房屋516户1860间，因灾严重损坏3306户9766间，造成直接经济损失9.9亿元。2014年8月3日16时30分，昭通鲁甸发生6.5级地震，共造成617人死亡，112人失踪，3143人受伤，22.97万人紧急转移安置，2.58万户8.09万间房屋倒塌，4.06万户12.91万间房屋严重损坏，15.12万户46.61万间房屋一般损坏。

（四）基本公共服务滞后，社会发育程度低

乌蒙山片区现有公共服务远远不能满足基本需求，上学难、看病难、保障

水平低仍是制约农村社会发展的主要矛盾。科技发展水平较低，生产方式比较落后，农村科技、教育、文化、卫生等基础设施建设投入严重不足。群众生育观念落后，出生缺陷多发。师资力量不足，教育设施落后，人均受教育年限比全国平均水平低。人口素质不高，人均教育、卫生支出仅相当于全国平均水平的52%。相当部分群众市场意识淡薄，生产经营方式落后。医疗卫生条件差，妇幼保健力量弱。科技服务推广体系不完善，农业科技成果转化和应用水平低。人畜混居现象严重。艾滋病问题突出，地方病严重。此外，由于乌蒙山区地处高山大谷地带，自然村落之间相距非常遥远，形成了特殊的社会结构和经济结构、落后的生产方式和人口素质低导致了该区域社会发育程度低，与发达地区的差距不断拉大，深度贫困突出，贫困代际传递，扶贫难度大。

（五）扶贫资金投入不足，发展缓慢

乌蒙山区农村生产生活条件普遍较差，扶贫开发资金需求巨大，使得扶贫资金需求与投入之间的矛盾十分突出。我国现行“中央统筹、省负总责、县抓落实”的扶贫工作领导体制决定了扶贫资金的管理和分配权力掌握在县级以上机构，扶贫资金在分配上更多体现的是上级意愿，缺乏灵活性，甚至可能与基层想法及实际情况脱节。而且在扶贫资金的分配上也缺乏差异性，如果依照其他地区的扶贫资金分配方式来划拨扶贫项目资金，该地区无法获得足额的配套资金，扶贫项目实施难度较大。此外，由于配套资金的缺乏，乌蒙山区很难获得项目支持，这进一步导致其在项目申报的竞争入围中总是处于劣势。

（六）贫困农户再投资能力弱，可持续发展后劲不足

乌蒙山区冷凉的气候长期制约农业的发展，单季生产、品种单一、灾害频发等问题制约农业生产。当地的资源优势很难转化为产业优势，对农民增收有较好促进作用的种养业普遍规模较小、发展缓慢。产业的组织化程度低，也缺乏有带动能力的龙头企业和基地，导致农户的经济效益差，产业难以发展，不论是县域经济还是集体经济都较薄弱。同时，该地区的产业结构不尽合理，第一产业产值在国内生产总值中的比重大，二、三产业发展滞后，农民的收入主要依靠传统的农业种植和养殖，家庭经营，特色农业、优质农业、高效农业发展缓慢。由于交通不便，加工制造业和第三产业发展更是滞后。农民缺乏增收的渠道，2014 年，乌蒙山片区人均地区生产总值和农民人均纯收入仍只有全国平均水平的28.6%和61.0%。加之底子薄、欠账多，群众经济收入低，资

金自筹能力弱，无法投入资金进行再生产，导致大量劳动力外出务工，土地撂荒情况普遍，空心村现象突出。虽然近年来，区内的一些政府部门联合金融机构设立了一批产业发展基金，再投入能力有所改善，但是，与经济基础相对较好的其他地区相比，乌蒙山片区的再投入能力依然较弱，可持续发展的后劲依然不足。

第二节　乌蒙山区的扶贫特点和扶贫方式

一、乌蒙山区的扶贫特点

（一）贫困程度深，扶贫开发成本较高

乌蒙山区集革命老区、民族地区、边远山区、贫困地区于一体，贫困人口多、贫困程度深是该地区的显著特点。随着扶贫开发的力度不断加大，深山区、高寒山区、石漠化地区和少数民族聚居区是剩余贫困人口的主要分布区。这些地区资源贫乏、生活环境恶劣，地质地貌复杂，扶贫开发建设成本高，对治贫手段综合性的要求较高。

（二）自然条件较差，产业发展严重受限

片区内高寒山区面积大，海拔较高、气候冷凉，降雨较少、无霜期短，只适合较耐寒农作物的生长，因而农业种植结构单一。加之片区山高坡陡，土层薄、土质差，作物产出率低，农业产业发展严重受限。片区工业化进程仍主要依赖能源产业，但由于科技水平限制，产业集约化程度低，经济效益不高。加之能源开发与环境保护和社会发展的矛盾日趋突出，能源产业发展遭遇困境。

（三）资源环境承载力低，扶贫开发资源环境约束大

片区大都属于岩溶型喀斯特地貌，环境承载力低、生态系统脆弱，自然灾害频发，是水土流失最严重、森林覆盖率最低的地区，也是全国泥石流、滑坡等灾害最严重的地区和地震高发区。加之片区内人口基数大，人均占有资源量过少，资源承载力低，扶贫开发面临的资源环境约束较大。

（四）贫困人口综合素质偏低，能力建设任务较重

地区农村人口多、比例高，受教育程度低，农村劳动力普遍缺乏专业技术

技能。而且地区内部分贫困县是地方病高发区，例如，有的产煤区有燃煤污染型氟中毒症等地方病。相当多的劳动力不同程度受到地方病的影响，导致身体素质较差。区内贫困人口总体而言综合素质低，自身发展的能力弱，亟需提升贫困区人口的发展能力。

（五）革命老区贫困程度深，扶贫任务艰巨

该区 38 个县中有 10 多个属于革命老区。独特的地理环境和社会状况使得革命老区成为乌蒙山区贫困人口最为集中的“老少边穷”核心地区，经济社会发展总体水平较低，贫困面大、贫困程度深的问题较为严重，绝对贫困人口比重大，基本丧失生存条件的农村贫困人口众多。基础设施脆弱，抵御自然灾害的能力弱，行路难、饮水难问题较为突出，社会事业严重滞后。贫困治理难度大，扶贫任务艰巨。

二、乌蒙山区传统扶贫的主要方式

（一）整体推进

整体推进项目包含整县推进、整乡推进和整村推进，是区域扶贫方式的主要代表。这些扶贫开发工作方式是以增加贫困群众收入为核心，以促进经济、社会、文化全面发展为目标，按照资源整合、科学规划、集中投入、规范运作、分批实施的原则，通过完善扶贫开发工作重点县、乡、村的基础设施建设来改善群众生产生活条件，并大力发展社会公益事业。乌蒙山区结合当地实际，按照整体推进的要求，对重点贫困乡、村实施整体推进扶贫措施。例如：2012 年，昭通市投入财政扶贫整体推进专项资金 2.29 亿元，整合各部门资金 6.34 亿元，组织实施了 3 个整乡推进、1041 个整村推进、5 个连片特殊困难地区综合扶贫开发试点项目。

乌蒙山片区基础设施条件差是阻碍发展的主要原因。该片区的贫困率高，贫困人口集中生活在一些自然条件极其恶劣的自然村，单个村规模不大且地理分布较为分散，村民往往没有足够的能力自筹资金来改善基础设施。在实践中，基础设施扶贫项目的一种重要方式是“以工代赈”。它是一项旨在改善贫困地区基础设施条件，同时解决部分贫困人口的短期就业问题，为其发放实物或现金劳务报酬的扶贫项目。以工代赈主要支持的是农村中小型基础设施建设，包括基本农田和草场、农田水利、小型水利、乡村道路、饮水工程、小流

域治理等。

“十三五”期间，我国在开展以工代赈的过程中，创新贫困户受益方式，积极探索“以工代赈资产变股权，贫困户变股民”的资产收益扶贫新模式。这种模式主要通过以工代赈建设，充分调动当地建档立卡贫困人口参与工程建设的积极性。在实施过程中严格落实劳务报酬制度，这不仅改善了贫困地区的发展环境，同时还能实现建档立卡贫困人口稳定脱贫。

（二）产业扶贫

提高贫困地区自我发展能力的根本举措是发展特色产业，因此产业扶贫是我国扶贫的一种有效模式。产业扶贫是涉及对象最广、涵盖面最大的一种扶贫模式，不论是易地搬迁脱贫、生态保护脱贫还是发展教育脱贫都需要通过产业发展来实现长期稳定的就业增收。目前，贫困地区的特色产业发展滞后成了农村贫困人口增收脱贫的瓶颈，资源优势尚未形成明显的产业优势和经济优势。

产业扶贫是一种内生发展机制，目的在于促进贫困个体（家庭）与贫困区域协同发展，根植发展基因，激活发展动力，阻断贫困发生通道。其内容为：在县域范围，培育主导产业，发展县域经济，增加资本积累能力；在村镇范围，增加公共投资，改善基础设施，培育产业环境；在贫困户层面，提供就业岗位，提升人力资本，让扶贫对象积极参与产业价值链的各个环节。所以，从这一角度看，产业扶贫可看成是对落后区域发展的一种政策倾斜。

乌蒙山区山中药材、特色水果、旅游等资源丰富，具有发展地方特色产业的资源优势。乌蒙山区根据本区实际，积极开展片区产业扶贫规划，在规划的指导下，通过产业的扶持，提高产业效率，实现增收。乌蒙山区注重推进区内产业扶贫的开展。乌蒙山区矿产资源丰富，合理规划、有序开采，积极发展矿产开采及加工产业。此外，乌蒙山区各县（市、区）依托区域农业资源的比较优势，初步形成了高原农业产业集群，农业经济效益迅速提高，农民收入迅速增加，贫困人口迅速减少，为实现乌蒙山区农业经济的跨越式发展奠定了比较坚实的基础。

（三）易地搬迁

易地扶贫搬迁工作被视为是“十三五”时期扶贫五大工程之一。这项政策主要针对的是居住在深山、石山、高寒、荒漠化、地方病多发等的区域的贫困居民，实行自愿移民。这些区域通常生存环境恶劣，而且多不具备基本发展条件，需通过异地搬迁安置的方式，开辟解决温饱的新途径。建立移民安置基地，既要保证稳定解决迁入户的温饱问题，又要保证不对迁入地的生态环境造成破坏。实践中，移民搬迁的主要形式有插户移民和吊庄移民两种。所谓的“插户移民”是指贫困户根据意愿自行选择投靠亲友，分散安置，政府对此给予一定的补助。而“吊庄移民”则是指先让贫困家庭的主要劳动力迁出，在移居地安顿适应一段时间，等获得稳定的收入以后再全家迁出。这种移民方式既可在一个县内实施，也可跨县实施，采取搬迁初期两头有家，生产生活基本稳定后再完全搬迁的形式，解决了贫困户的后顾之忧。县内吊庄移民主要是把极端缺水的山区居民迁移到灌区，通过农业开发来改善他们的生产生活条件；县际吊庄移民则以集中安置为主。

易地扶贫搬迁是我国开发式扶贫的重要内容，旨在通过对生存环境恶劣地区的农村贫困人口实施易地搬迁安置，从根本上改善其生存和发展环境，实现其脱贫致富。易地搬迁既能为搬迁出去的人口改善生活条件，又可以缓解贫困地区的人地矛盾。

易地扶贫搬迁是脱贫攻坚的关键一环。乌蒙山区内山高谷深，贫困户居住的大部分地区都是不适宜居住和生产生活的地方，易地搬迁是该地区扶贫的一大举措。“十三五”期间，云南、贵州、四川计划易地扶贫搬迁 346 万人。据 2017 年 3 月 31 日在泸州市召开的乌蒙山四川省片区 2017 年脱贫攻坚推进会所知，2017 年，泸州市将搬迁安置 5.6 万人。乌蒙山片易地扶贫搬迁工作取得成绩的同时，也积累了许多经验。如合江县把易地扶贫搬迁户、地灾搬迁户、危房户、土坯房户等扶贫对象，统一纳入搬迁盘子，依托集镇、中心村、产业基地、乡村旅游区打造各具特色的集中安置点。

但是从多地扶贫搬迁工作的实践效果看，贫困人口搬迁后面临着生计可持续问题，有不少的搬迁人口在搬迁后还出现了返贫的情况。异地扶贫搬迁之所以会出现这样的困境，主要是因为：贫困人口在搬迁之后，距离自己的耕地距离更远；集中居住还会带来生活成本的提高；多数搬迁贫困户在搬迁后无法在新居住地获得稳定的收入，搬迁户的就业情况令人担忧。

（四）对口帮扶

为了更好地集中全社会力量，帮助集中连片特殊困难地区脱贫，国务院要求各部委、企业及社会团体对口帮扶集中连片特殊困难地区。原国土资源部作为乌蒙山区区域发展和扶贫攻坚联系部委，印发实施了《关于支持乌蒙山片区区域发展与扶贫攻坚的若干意见》，提出了坚持“围绕目标、突出重点，发挥优势，改善民生，因地制宜、激发活力”的指导思想，从土地管理、地质调查和矿产资源开发、地质灾害防治和地质环境保护及配套措施4个方面提出了15项具体支持政策。在土地规划、用地指标、土地整治、地质调查、矿产勘察、地质灾害防治等方面为乌蒙山片区的经济社会发展提供了大量支持。

（五）精准扶贫

精准扶贫是我们党根据我国经济社会发展的阶段性特征作出的脱贫攻坚机制创新，它将扶贫工作重心从区域转向贫困群众个人，更加注重提高贫困群众的自我发展能力。推进精准扶贫，加大帮扶力度，是缓解贫困、实现共同富裕的内在要求，也是实现全面小康和现代化建设的一场攻坚战。

按照国务院扶贫办的要求，乌蒙山片区积极开展精准扶贫、精准脱贫工作，精准识别片区内建档立卡贫困户，按照“四个一批”原则实施差异化的扶贫措施，建立相应退出机制，划定退出时间表，逐年实现贫困县及贫困村退出，确保2020年与全国一起全面建成小康社会。而要做到精准扶贫，必须做到精确识别、精准帮扶、精确管理。乌蒙山区的精准扶贫实践中，涌现出了一些典型案例。

案例1：贵州威宁县的精准扶贫——“精准识别，精准帮扶”

威宁彝族回族苗族自治县，是贵州省面积最大的民族自治县，下辖19个镇、15个乡、1个民族乡，面积6295平方千米，人口约140.2万人；其中彝、回、苗等少数民族占总人口的23.1%。2014年实现地区生产总值150.93亿元，较上一年增长15%；50万元以上固定资产投资190.62亿元，较上一年增长22%；完成财政收入19.07亿元，较上一年增长8.28%。威宁县是国务院确定的连片特困地区县、国家扶贫开发工作重点县，该地区基础设施薄弱、产业发展落后，长期以来农民收入增长缓慢，是贵州脱贫攻坚难啃的一块“硬骨头”。2011年以来，威宁的扶贫工作不断精准化，脱贫效果持续显现。逐步探索出了“四看”的新路子。四年来，威宁贫困人口减少40.68万人，农民人均纯收入达6206元，较上一年增加282元，增长12.42%。

威宁县的具体做法如下：

1. 用“四看”的方式精准识别扶贫对象，切实解决了“扶谁的贫”的问题。威宁县通过“规模分解、初选对象、公示公告、结对帮扶、定制计划、填写表册、数据录入、网络运行、数据更新”9个步骤开展“四看”工作。四看法总共四个一类指标，每个指标赋予不同的分值，总分100分。“一看房”的分值为20分，主要通过看农户的居住条件和生活环境来估算其贫困程度。其中：住房条件5分、人均住房面积5分、出行条件4分、饮水条件2分、用电条件2分、生产条件2分。“二看粮”的分值为30分，主要看农户的土地情况和生产条件，在此基础上估算其农业收入和食品支出。其中：人均经营耕地面积8分、种植结构8分、人均占有粮食6分、人均家庭养殖收益8分。“三看劳动能力强不强”的分值为30分，主要看农户的劳动力状况、劳动技能掌握状况和有无病残人口，在此基础上估算其务工收入和医疗支出。其中：劳动力占家庭人口数8分、健康状况8分、劳动力素质8分、人均务工收入6分。“四看家中有没有读书郎”的分值为20分，主要看农户家庭在校学生的情况，以此估算其发展潜力和教育支出。其中：教育负债12分、教育回报8分。

根据上述四项指标的计算，对申请贫困鉴定的农户进行综合评分并确定其贫困程度，将总分在60分以下，对应人均纯收入在2300元以下（2010年不变价）的识别为贫困户。结合对贫困户指标体系的评价内容，分户施策，确保帮扶精准。年终同样用“四看”工作法对脱贫成效进行评估，并划定不同的级别。综合评分达到60分以上的农户就可以认定为已经脱贫，其中，60—80分的列为容易返贫的农户，需进一步跟踪巩固脱贫成果，总分达到80分以上的列为稳定脱贫农户，可以退出扶贫程序。“四看法”在贫困对象的识别过程中，既坚持了“入户调查、登记、核定，村、镇两级公示”等程序，也有力推进了精准扶贫建档立卡工作的有序开展。2014年五星村采用该方法较快地识别出全村1610户5533名贫困对象，结果没有一户村民反映不公平。

2. 坚持“六个到村到户”，扶真贫，切实解决“怎么扶贫”的问题。一是产业扶贫到村到户，按照“宜烟则烟、宜药则药、宜果则果、宜薯则薯、宜畜则畜”原则，由村申报，乡镇审核，报县备案，确定各乡（镇）、各村的扶贫产业。二是教育扶贫到村到户。围绕提升脱贫致富职业技能和防止贫困代际传递，积极实施提智增收工程，一手抓中小学基础教育、一手抓脱贫致富技能教育。三是结对帮扶到村到户。实施科级干部帮4户、副科级干部帮3户、股级干部帮2户、一般干部帮1户的“4321”工程，选派10116名干部与贫困户结对进行帮扶，进行定点、定人、定责帮扶。四是危房改造到村到户。采取“农民自测—农户申请—入户调查—村级评议—回访统计—县乡审核确认”的方式确定危房改造户，公开、公平、公正地对7.5万户贫困户实施了危房改造，惠及群众30.03万人。五是扶贫生态移民到村到户。坚持党委、政府积极组织推动和贫困户自愿提出申请相结合，对居住在深山区、石山区、高寒区的贫困户进行登记造册，建立贫困生态移民台账，驻村工作队员和村支两委干部入户调查贫困户生态移民搬迁需求和愿望，对1222户贫困户实施了生态移民搬迁，惠及5261人。六是基础设施到村到户。以“四在农家·美丽乡村”创建活动和“一事一议”财政奖补政策为抓手，强力推进“小康路、小康水、小康房、小康电、小康迅和小康寨”建设，用基础设施支撑产业发展、改善民生。

3. 坚持“一对一”查穷根，建立机制拔穷根，努力切实解决“扶哪方面贫”和“谁去扶贫”的问题。按照一户一政策一干部的“三个一”工作要求，采取一名干部对应一户贫困户的方式认真分析贫困户致贫原因，以对致贫原因的精准分析为基础实现贫困户脱贫致富。

4. 坚持“滴灌扶贫”的方式，努力做到项目资金投入精准，切实解决“如何真扶贫”的问题。摒弃广而散的资金投入方式，将扶贫项目资金进行整合，统一调配、归口管理，努力改“漫灌”为“滴灌”。一是改变资金分配方式，实施“一乡一特”“一乡一品”产品培育工程，采取直补、先建后补、以奖代补等多种方式支持农业产业发展。二是明确资金支持重点，将各级扶贫资金集中投放在中药材种植、生态养殖等方面。三是坚持资金打卡到户。打卡到户的方式让扶贫对象明白地知道自己得到了什么扶持以及多少扶持，做到扶贫对象“手上有卡，卡中有钱，钱里有项目”，确保扶贫资金落到贫困户身上。

案例2：云南会泽精准扶贫——“一大战略、六大工程”

会泽地处滇东北乌蒙山主峰地段，位于三省八县交界处。会泽县下辖23个乡（镇、街道）、376个村委会（社区），人口为102.7万人，是云南省人口第三大县，农业人口89.2万人，占总人口的86.85%。会泽县是国家级扶贫开发工作重点扶持县，贫困面大、贫困程度深，截至目前，尚有贫困人口38.5万人，占总人口的37.5%。国土面积5854平方千米，山区占95.7%。

会泽县的具体做法：

1. 实施“走出去”战略

提出3个“1/3”目标，即劳动力中1/3从事农业，1/3县内转移从事二，三产业，另外1/3跨出县门务工经商。对此，切实加大劳务输出力度，转移输出30余万人到县外务工经商，每年创造收入达60亿元以上。通过教育扶贫，让更多人特别是年轻一代走出去，使他们依靠知识和能力，真正找到一条脱贫致富的出路，彻底“挖掉穷根”。

2. 实施基础设施改善工程

一是“十二五”以来，一方面着力打通“主动脉”，另一方面，不断疏通“毛细血管”，硬化政村公路728千米，修通自然村道路295千米，硬化村内道路45.34万平方米，全县交通条件不断改善。二是大干农田水利建设。建成一批骨干水源点工程，新增蓄水1260万立方米，有效解决了47.69万农业人口饮水安全问题，新增农田灌溉面积16.92万亩，完成中低产田改造20.9万亩。三是大干电力基础设施建设。完成农网改造33586户，架设10千伏线路651.94千米，安装变压器672台，实现了户户通电的目标。四是大干安居房建设。累计新建安居房3.5万户350万平方米，农村居住条件明显改善。

3. 实施产业富民工程

一是积极改造提升传统产业。先后对铅锌、建材、能源等传统工业进行转型升级改造，16万吨铅锌冶炼项目顺利投产。同时，积极加快推进现代农业转型升级，坚持巩固壮大马铃薯、蔬菜、水产等传统产业。二是大力培育新兴产业。重点发展生物、清洁能源和文化旅游产业，风电、水电和绿色食品加工等一批项目相继建成投产，高原特色农业优势日趋凸显，核桃、玛卡、软籽石榴等特色产业不断壮大，荣获“中国核桃之乡”“中国辣椒之乡”称号，建成了全国最大的鲟鱼养殖基地和全省重要的粮食生产基地、畜产品生产基地、特色经果林种植基地。

4. 实施素质提升工程

治贫要先治愚。会泽的贫困，本质上是人的素质和生存竞争能力上的贫困。“十二五”以来，全县累计投入各类教育基础设施建设资金达16.8亿元，新建中小学10所，维修改造354所，新增校舍面积39.99万平方米，排除危房14.14万平方米，“农村营养改善计划”覆盖学生23.3万人。同时，狠抓农村实用技术培训和推广，夯实农民自我发展根基。近年来累计开展劳动力转移培训1.2万人次，开展贫困农民实用技术培训20万人次，实施“雨露计划”2500人次。

5. 实施生态保护及美丽家园建设工程

保护好生态，是贫困地区永续发展的本钱。一是狠抓污染治理和环境保护。重点对者海工业片区重金属污染进行了综合治理，关闭企业30余家，对建材、铅锌等行业坚决关闭，淘汰落后产能和工艺。二是狠抓生态修复和绿色发展。一方面大力推广运用太阳能、沼气池、节能灶等新型能源，另一方面不断巩固退耕还林成果，完成干热河谷区、石漠化，荒漠化区造林绿化12.89万亩，种植核桃100万亩，全县森林覆盖率达44.5%。三是大力开展美丽家园建设。

6. 实施城镇化带动工程

结合整乡、整村推进易地扶贫搬迁等工程的实施，通过“山上问题山下解决，农村问题城镇解决，分散问题集中解决”方式，不断探索高寒贫困山区的城镇化路子和城乡统筹良方。待补镇按照“规划牵引（建设现代生态高效农业示范镇）、双轮驱动（小城镇与新农村建设同时驱动）、三方共建（财政资金、市场融资、群众筹资）、四环联动（劳动力转移—土地流转—农业产业结构调整和规模经营—人口向小城镇集中）、五基并举（基础设施改善、基础产业培育、基本素质提升、基本保障构建、基本队伍建设）”的思路，带来了基础设施、特色产业、农民素质、城乡面貌、干群关系的重大变化。

7. 实施保障体系构建工程

保障体系是做好扶贫开发工作的关键支撑。一是全面统筹推进文化、卫生、养老等民生事业。目前，农村养老保障率达98%，新农合参合率达98%。二是按照“党建带扶贫、扶贫促党建”的要求，切实加强基层组织建设，不断夯实扶贫开发组织保障。

（六）生态扶贫

本研究开展时，全国14个集中连片特殊困难地区有592个国家扶贫开发工作重点县，12.8万个贫困村，2948.5万个贫困户和5575万贫困人口。其中，95%的贫困人口和大多数贫困地区分布在生态环境脆弱、敏感和重点保护的地区。14个集中连片特殊困难区与25个国家重点生态功能区高度重合。因此，大力推进精准扶贫的过程中需要处理好扶贫开发和生态环境保护的关系，破解这些地区“富饶的贫困”的尴尬处境。乌蒙山区属于我国生态环境脆弱区和生态功能保护区，脆弱区生态环境和国家政策带来的发展制约，使得贫困区域难以获得相对宽松的工业发展环境，县域经济发展水平相对低下。为了更大区域内的生态安全，不少贫困县都只能在十分有限的空间内进行资源开发和工业建设，但是这种代价却并不应该由这些生态功能区独自承担，因而生态补偿就成为对这类区域所作“牺牲”的补偿。这类补偿体现为水资源补偿、林木生态补偿等。

2015年习近平总书记提出了实施“五个一工程”，将生态补偿脱贫作为其中之一。2016年国务院办公厅发布《关于健全生态保护补偿机制的意见》，指出将生态保护补偿与实施主体功能区规划、西部大开发战略和集中连片特困地区脱贫攻坚等有机结合，逐步提高重点生态功能区等区域基本公共服务水平，促进其绿色发展，结合生态保护补偿推进精准脱贫。在生存条件差、生态系统重要、需要保护修复的地区，结合生态环境保护和治理，探索生态脱贫新路子。

将生态环境保护和补偿与精准脱贫相结合，实际上就是要转变原来单纯发放生态补偿金的“输血”模式，探索“造血”式的绿色发展模式。从目前的政策来看，生态环境保护和补偿与精准脱贫的结合主要通过以下几种方式：

1. 按照精准扶贫、精准脱贫的要求，将更多的生态保护补偿资金和国家重大生态工程项目向贫困地区和贫困人口倾斜

创新资金使用方式，充分利用生态保护补偿和生态保护工程资金，将有劳动能力的部分建档立卡贫困人口转为生态保护人员，增加其工资性收入。

2. 以集体股权方式对贫困户进行补偿

如在贫困地区占用集体土地开发水电、矿产资源，可以探索对当地居民以集体股权的方式进行补偿。

3. 引导贫困群众依托当地优势资源发展绿色产业

引导贫困地区开发基于区域特色资源的生态产品，建立生态产业模式，推动产业转型和民生改善，增加贫困人口的经济收入，变“输血”为“造血”，激发生态保护区贫困群体的内生发展动力。

生态补偿扶贫要求加大对贫困地区的生态保护修复力度，加强对重点生态功能区的财政转移支付力度，让生态功能区的居民成为护林员等生态保护人员。这些措施仍集中于中央政府层面，无论是生态修复、财政转移支付还是贫困户的生态保护安置，其覆盖范围和帮扶层次都是有限的。例如，作为江河水源地，为了保护水源不受污染必然要牺牲工业发展，而生态补偿所得与工业发展预期成果之间存在很大差距。尽管，中央已经明确表示，对贫困县政府工作的考核已经不以经济为中心，但地方财政收入的困窘仍会让生态功能区的贫困县有发展工业的冲动，但却面临缺乏建设用地的窘境。

除了以上主要的扶贫方式外，乌蒙山区的扶贫方式还有劳务输出扶贫、科技扶贫、教育扶贫、金融扶贫、旅游扶贫、社会救助扶贫等扶贫方式。目前，乌蒙山区扶贫开发已经进入了一个新的时期，由以解决温饱为主要任务的阶段转入到以巩固温饱、改善生态环境、提高发展能力、加快脱贫致富、缩小发展差距为主要任务的新阶段。在这样的背景下，专项扶贫、行业扶贫和社会扶贫

构建了国家扶贫战略的完整体系。三者互为支撑，相互呼应，将共同促进贫困地区加快发展，促进贫困人口脱贫致富。

三、几种主要传统扶贫模式的比较

（一）整村推进模式

1. 整村推进模式的优势

整村推进模式的最明显优势在于能集中有限资源，有重点地分期、分批解决贫困村最突出的问题。有效解决了以往扶贫资金分散、形不成合力的问题，从而提高扶贫资源的使用效率。整村推进强调民主参与“扶真贫”。在实施过程中充分尊重贫困群众对整个扶贫过程的知情权、选择权、决策权、监督权和管理权，强调贫困人口参与的重要性。扶贫受益人口的认定主要通过村民大会来民主决策，最大限度地保证真正贫困的农户得到帮助。贫困农户参与扶贫开发的积极性较高，从而提高贫困农户自主脱贫、自我发展的能力。因为整村推进以村级扶贫规划为切入点，项目选择更加符合贫困农户的发展需求，针对性强，落实起来就更加容易。贫困农户参与扶贫项目的决策、实施和监督等全过程，体现了贫困农户的主体作用，极大地提高扶贫对象的积极性。

2. 整村推进模式存在的问题

整村推进模式也存在一些问题，主要表现为：一是农户参与门槛设置过高。除了政府的整村推进项目资金投入外，无论是基础设施项目还是产业开发项目都需要农户自筹一大部分资金。这就使得那些本应该得到扶持的低收入农户由于没有能力筹措资金而被排斥在项目之外。二是整村推进模式是改善贫困村公共基础设施和公共服务的一种有效方式，对解决贫困村和贫困户的基本生产和生活问题有着积极作用，但由于资金和项目总体规模小，无法解决区域性的全部贫困问题。三是出于对资金使用效率和回收率的考虑，资金更容易投放到那些并不一定最贫困但却能够解决资金使用、回收以及配套问题的农户，因此难以保证最贫困的人口得到最大的帮扶。

（二）产业扶贫

产业扶贫是新时代我国农村开发式扶贫的主要模式之一。产业扶贫主要通过发展具有地方特色的支柱产业，以科技为支撑，以农产品为原料，以加工或销售企业为龙头，以市场为导向，以基地建设带动千家万户发展，从整体上解决贫困农户的温饱。

1. 产业扶贫模式的优势

产业扶贫模式的优势主要表现在两方面：一是可以形成政府、企业和农户共赢的局面。政府、龙头企业和农户通过利益联结机制，结成责任和利益紧密相连的利益共同体，政府主要发挥组织、协调、引导作用，做好顶层设计，龙头企业主要联通市场，起好带动作用，农户则充分发挥主体作用。通过公司带动、基地带动、合作组织带动、优势产业带动和乡村旅游等产业扶贫手段，企业在较短的时期内形成较大的生产规模，产生规模经济效益，而农户的收入稳定增加，同时生产经营风险降低，农业的组织化程度和水平得到提升。二是可以促进区域优势特色产业迅速发展，贫困农户收入明显增加。在产业扶持下，优势产业较易形成规模。随着龙头企业的逐步发展壮大，辐射、带动能力不断增强，扶贫产业链条不断延伸，越来越多的农户参与到主导产业经营中来，贫困农户的收入实现明显增加。

2. 产业扶贫模式存在的问题

产业扶贫模式存在的问题主要有：一是产业结构趋同。由于大多数贫困地区自然资源和传统产业都很相似，这就很容易出现一个地区开发出一个具有经济效益的扶贫产业，相邻近地区也发展同一产业，但加工企业配套不足，最终导致产品的供大于求而滞销的问题。不仅没有实现贫困户收入增加，反而严重挫伤了他们参与产业扶贫的积极性。二是龙头企业与农户之间的利益联结机制不完善，容易偏离扶贫目标。企业的逐利性目标决定了企业在遭遇市场或自然风险时，企业利益与农户的利益往往发生冲突。大部分企业容易忽略扶贫目标和规划，让农户独自面对市场，导致农户利益受损，从而让农户对产业扶贫失去信心。三是产业发展为了追求短期高效益，容易造成环境污染。贫困地区在实施产业开发项目时，为追求短期高效益，易以牺牲生态环境为代价，进行掠夺式开发扶贫，把会导致环境污染的开发项目作为当地支柱产业来培育，结果导致土地荒漠、水源污染、森林植被严重破坏等问题。贫困现状不但没有得到有效缓解，反而使得脱贫致富的道路更加艰难。

（三）搬迁式扶贫

搬迁式扶贫模式不同于传统意义上的救济式扶贫和开发式扶贫，其特征是实现人地分离，让人离开已不再适宜人类生存和发展的地区，到生产、生活条件较好的地区居住、发展。

1. 搬迁式扶贫模式的优势

搬迁式扶贫模式的优势主要体现在：一是直接让贫困户摆脱恶劣的生产生活环境，加快脱贫致富。二是搬迁后就业增收的平台更广阔。各级政府对搬迁农户加大职业教育培训力度，提高农民综合素质，农户的商品意识不断提升，发展后劲明显增强。同时，搬迁后的农民就业机会显著增加，外出务工或就地从事二、三产业，增收渠道大大拓宽，为促进贫困农户收入持续、快速、稳定增长奠定了良好基础。三是可以加快城乡一体化进程。移民搬迁促进人口向城镇集聚，加快了城镇建设步伐，带动了城镇繁荣和经济发展。移民户享有与城镇居民同等的卫生、社保、教育等待遇，提高了移民群众的生活质量，转变了农民的增收方式，使得移民搬迁扶贫和统筹城乡发展有机地结合起来。

2. 搬迁式扶贫模式存在的问题

搬迁式扶贫模式的主要问题：一是搬迁扶贫投入巨大，牵涉人口众多，搬迁工作跨度大、周期长，一般是一年建设、两年定居、三年配套、四年巩固、五年才能步入发展。二是易地搬迁扶贫的资金，以国家易地扶贫专项资金为主，同时还有来自省、地、县财政以及扶贫办、电力、交通、水利等部门的配套资金，各类配套资金到位难度大，影响项目的顺利实施。同时，由于贫困地区财政十分困难，地方配套及自筹资金到位率低，从而影响项目进度。三是移民搬迁工作重点集中在移民安置地的建设，而后续管理很容易被忽视。社区管理、基层组织建设、科技培训和生产服务指导等方面的工作还很薄弱，与贫困户亟待改变贫困面貌的愿望还不相适应。

（四）社会扶贫

扶贫济困是中华民族的传统美德，中国政府始终注重发扬这一优良传统。社会扶贫是由中央政府倡导、各级政府率先垂范、全社会广泛参与的一种扶贫模式。实践证明，在坚持政府主导扶贫的前提下，广泛动员社会力量积极参与扶贫开发，共同推进减贫事业发展是加大脱贫攻坚力度、促进贫困地区经济发展、加快全面建成小康社会进程的有效举措。

1. 社会扶贫模式的优势

社会扶贫模式的优势主要体现在：一是参与帮扶的群体巨大，从中央、地方政府到各级国家机关、企事业单位再到民间力量，社会扶贫需充分调动了各界力量与资源，从政策、思想、资金、物资、技术、信息等方面给予扶持。二是扶贫形式多样，如智力支边、希望工程、光彩事业、文化扶贫、扶贫拉力计划、春蕾计划、博爱工程、幸福工程、农业科技示范入户工程、双学双比、巾帼扶贫等，这些扶贫济困活动都产生了良好的社会效果。三是扶贫资源来源广泛，既有国家专项扶贫资金的投入，又有各种渠道募集争取来的本土资源，还有从海外渠道引进的资源，既有资金和物资投入，又有科技、信息的支持等。

2. 社会扶贫模式存在的问题

社会扶贫模式存在的问题主要有：一是很多单位在帮扶过程中，对帮扶的认识不清，以为只是简单地给贫困农户送点钱、送点物就完成了本单位的帮扶工作。其实扶贫更重要的是通过帮扶，使贫困户的思想观念、自身素质以及市场适应能力有所提高，而非简单地获取钱物。二是社会帮扶具体到各帮扶单位、部门或党员干部个人的时候，缺少明确且可操作的目标，这使得帮扶单位和个人在开展工作时只是凭借自身的热情。而且帮扶单位的大部分工作人员都身兼数职，扶贫工作很难做实做细，导致扶贫效果不理想。

第三节　乌蒙山区现有扶贫实践的成效及经验

一、乌蒙山区扶贫取得的成效

“十二五”以来，乌蒙山区脱贫攻坚的成效明显。目前，该地区的基础设施和生产生活条件进一步改善，经济发展保持良好势头。同时，社会公共事业发展迅速，生态文明建设得到进一步加强，为地片区脱贫攻坚目标的如期实现夯实了基础。

（一）扶贫攻坚效果显著，农村居民收入大幅增加

自2012年乌蒙山区域发展与扶贫攻坚工作启动以来，在部省协调联动的共同努力下，乌蒙山区发展与脱贫攻坚取得新成效。随着该地区精准扶贫的实施，到2017年，乌蒙山区392万贫困人口实现脱贫，贫困发生率由33%下降至13.5%，减贫效果非常显著。农村居民人均可支配收入达到6992元，增长了14.4%，增幅居14个连片特困地区的前列。其中，“十二五”期间，乌蒙山云南片区贫困人口由313.1万人减少到195.1万人，贫困人口减少幅度为37.69%，贫困发生率从33.7%降低到22.6%，贫困状况得到根本好转，脱贫攻坚效果显著。片区农民人均纯收入增长加快，由2011年的3698.7元增加到2014年的6305.4元，增长率为72.35%。以四川省为例，乌蒙山四川片区累

计完成投资9400多亿元，片区农村贫困人口由2013年的66.5万人减少到2015年的56万人，贫困发生率由17.8%下降到14.6%。2016年，四川乌蒙山片区13个县实现精准减贫11万人，388个贫困村达到退出标准。

近两年，扶贫的力度不断加大，乌蒙云南片区各地的扶贫效果也越来越明显。如云南省会泽县紧扣“两不愁、三保障”和“61010”脱贫出列标准对标对表，在2017年，统筹整合各类资金16.95亿元，通过扎实推进易地扶贫搬迁和农村危房改造以及产业、教育、生态、就业、健康、金融、电商扶贫和基础设施建设，实现了预脱贫户安全稳定住房全面达标。同时，34个贫困村、45292人达到脱贫出列标准，人均可支配收入全面超过3200元。贫困户脱贫之后仍可以根据自身情况选择多种方式来增加收入，如可以发展种养产业、经营家庭作坊或者外出务工，也可以租赁土地或入股合作社，甚或自主创业等，生产生活能力大幅提高。

（二）基础设施不断完善，生产生活条件明显改善

“十二五”期间，通过实施整村推进、移民搬迁扶贫政策等措施，重点破解了农民脱贫致富瓶颈，乌蒙山区在道路交通、安全饮水、农田水利、用电和生态家园建设等方面直接受益。乌蒙云南片区内完成农网改造的行政村由2011年的1729个增加到2014年1960个，通公路的自然村的比重由60.1%上升到74.8%，饮水困难户比重由35.5%降至17.2%，贫困群众的生产生活条件得到有效改善。

2011—2015年，四川凉山州乌蒙山片区实施区域发展与脱贫攻坚项目，总投资606.53亿元。基础设施建设力度加大，凉山州共完成国、省干线升级改造1051千米，农村渡口改造50个，建成通乡油路1799.3千米、通村通达公路3011千米、通村硬化路3302.1千米，建设乡镇客运站276个、村级招呼站329个，溜索桥改造7座。新增、恢复和改善灌溉面积9.13万亩，新开工建设水库1个，整治病险水库3个，新建和整治堤防46.8千米，治理中小河流20条（段）、山洪沟2条，治理水土流失114.3平方千米，新增农村水电装机3.67万千瓦，解决了53.72万人的饮水安全问题和43.04万人的用电问题。建成光缆4.9万千米，光纤到户覆盖1000多个行政村，4G网络覆盖2276个行政村，无线AP宽带网络覆盖627个村，有线宽带覆盖818个村。凉山州累计完成318个村和1193个彝家新寨的整村推进扶贫，建设住房9.94万户；易地扶贫搬迁13669户，68367人；完成土地整治102.55万亩，建设高标准农田

16.67万亩，治理地质灾害176处；完成农村沼气池建设31046口，建成垃圾处理池1190个、公共排污设施1190个。

（三）社会事业全面进步，贫困人口发展能力逐步提高

“十二五”期间，乌蒙云南片区内医疗卫生条件逐步改善，参加新型农村合作医疗和新型农村社会养老保险的人数分别比2011年增加25.1万人和178.1万人。九年义务教育巩固率由92.47%提高到96.4%，农村劳动力文盲、半文盲率由18.7%下降到12.2%。通过大力发展教育、文化、卫生事业以及重点实施“雨露计划”“圆梦832行动”等技能培训项目，贫困人口素质及就业创业能力得到提高，贫困代际传递问题逐步改善，贫困人口发展能力逐渐增强。

（四）规模经营初见成效，特色产业不断发展壮大

“十二五”期间，乌蒙山云南片区围绕高原特色农业，依托片区资源优势，以产业发展规划为引领，通过利用扶贫政策积极支持贫困户发展特色产业，着力打造扶贫特色优势产业，产业化发展不断增速，规模化经营初见成效。乌蒙云南片区农民专业合作社由2011年的1290个增加到2014年的2729个，规模以上农副产品加工企业数由29个增加到51个。

乌蒙山贵州片区毕节市赫章县松林坡乡，传统上种植苞谷，收入微薄，随着土地整治、产业结构调整与产业扶贫，企业向农户流转土地费每年每亩500元。100户贫困户通过特惠贷入股，每户每年分红5000元。常年有数百名贫困户打工，日平均收入100余元。目前赫章县从传统玉米种植转型到“无中生有”的香葱产业，4150亩香葱基地每天有400多名村民劳作，基地用工需求巨大，周围村子的劳动力就业全部得到解决。春节后，基地每天要向上海、杭州、嘉兴等地发葱60吨。贵州威宁县以发展马铃薯产业为主，其成功之处在于抓两头带中间，即抓种薯扩繁，抓精深加工，延伸产业链条，带动商品薯种植，建起了完整的产业链条，形成了规模化发展。2017年，全县马铃薯种植面积170.2万亩，总产量341.285万吨，总产值达62.11亿元。在威宁经济开发区，中垦薯业集团投资15亿元建设的马铃薯加工项目正在建设中。建成投产后预计全年加工马铃薯鲜薯100万吨，年产马铃薯雪花全粉5万吨，净菜20万吨，薯条3.5万吨。可以为当地贫困户提供600个岗位，让群众在家门口就业。小土豆变身成为带动群众脱贫致富的大产业。赫章县围绕“赫章核桃”

建设的核桃产业示范园区占地面积达76平方千米，七星关区赤水河流域建成50万亩毕节椪柑基地等，逐渐实现了区域化布局、规模化种植、品牌化经营、产业化发展。

（五）扶贫不断完善，小额信贷助推农户脱贫

四川省大胆创新“金融+”扶贫模式，总结推广了全省5个贫困县的试点经验，编制了《四川省扶贫小额信贷操作指南》，扶贫小额信贷工作在全省全面推广。建立了贫困农户评级授信“5221”指标体系，有效解决贫困农户“不敢贷”“贷不到”的问题。采取建立县级风险补偿金、引导群众参与保险、协助做好产品营销等措施，有效化解放贷、用贷、还贷“三重风险”。组建村级风控小组，将工作链条延伸到村，服务到户。

云南省出台《扶贫到户小额贷款风险补偿金试点实施方案》后，乌蒙山云南片区启动实施了金融扶贫试点，通过安排财政专项贴息资金，推动贴息贷款投放，开展互助资金试点。扶贫贷款贴息到户使农户资金短缺有所缓解，为贫困农户发展生产提供了资金支持。如：云南会泽县是乌蒙山区国家扶贫开发工作的重点县，到2015年底，该县还有建档立卡贫困人口32.93万人，脱贫任务非常艰巨。在扶贫过程中，一些家庭劳动能力不足、无劳动技能的贫困户，甚至出现“越扶越贫”的尴尬局面。为了打破这一扶贫僵局，会泽县创新实施了“政府+银行+农业经营主体+贫困户”的“四位一体”金融扶贫模式。这种模式对有技术、有能力的贫困户进行扶持，通过贷款，让贫困户自主发展脱贫。同时，对符合条件的贫困户由政府担保提供金融机构贴息贷款，并将贷款投资入股到县内经营好、有潜力的企业，贫困户在企业就业并参与分红。这种金融扶贫模式，不但使企业获得了融资，银行拓宽了放贷业务，而且增强了产业发展的后劲，贫困户通过投资分红不但增加了收入，还在家门口成了产业工人。实现了“能贷款、能偿还、能增值、能发展”的目标，走出了一条“企业、银行、产业、贫困户”共同发展，多方共赢的新路。2016年，会泽县共发放扶贫小额产业贷款7.87亿元，受益贫困户达16214户53506人。其中，14456户贫困户用6.74亿元小额扶贫贷款自主发展脱贫产业，2265户贫困户用1.13亿元贷款入股67家农业经营主体，取得利息分红868万元，户均近4000元。会泽县涌现出了很多金融扶贫典型案例，比如金钟街道温泉村，该村有106户建档立卡贫困户，户均可以获得5万元的扶贫小额信贷。全村将这笔资金入股到了云南林川油橄榄科技开发有限公司。贫困户将土地租给公

司，每年可以获得每亩地400元的租金，租金每5年增加100元。贫困户在获得稳定的土地租金收入的同时，公司每年还要支付给每户贫困户利息分红3875元。油橄榄进入挂果期后，公司又每公斤返利0.5元，反补给农户作为土地流转入股奖励，每年可实现土地流转效益分红500元。公司优先安排贫困户到基地务工，每天支付80元劳动报酬。进入挂果期后，每采摘1公斤获得劳务费1元，一个劳动力一天的劳务收入可达180元。企业将油橄榄倒包给贫困户管理，每管理1亩能增收560元，每户每年可管理20—30亩，每年可得管理费1.12—1.68万元。贫困户不承担生产风险，每年收入可在2.5万元以上。类似这样的农业经营主体，在全县还有60多家。又如娜姑镇，软籽石榴种植面积达1.9万亩，是全县石榴种植面积最大的乡镇。小果园、小果农一直以来是石榴产业规模化发展的瓶颈，会泽县支持龙头企业开展土地流转，引导农户将小果园交给龙头企业或专业合作社经营，带动石榴产业向标准化、集约化方向发展，一方面规避了农户种植的风险，另一方面对接了市场。在金融部门的大力支持下，娜姑镇2016年以来，支持农业龙头企业、专业合作社、家庭农场等67家，小型加工企业124户，发放信贷资金1.13亿元，有效满足了林果业、蔬菜、药材、畜牧等特色产业的金融需求。通过小额信贷，新扶持1.4万多户贫困户发展种植、养殖业。2017年，会泽县继续扩大小额信贷放贷规模，达到8亿元以上。金融扶贫使得会泽县农业发展生机勃勃，农民增收呈现出强劲势头。

（六）生态建设初见成效，环境恶化势头有所遏制

“十二五”期间实施的退耕还林、水土保持、天然林保护、防护林体系建设、石漠化治理等重点生态修复工程在一定程度上扼制了环境恶化的势头，乌蒙山云南片区内森林覆盖率由2011年的47.89%上升到2015年的50.93%，荒漠化面积由352274公顷下降到297265公顷，片区生态建设初见成效。

二、乌蒙山区脱贫攻坚取得的经验

（一）坚持区域开发与精准扶贫相结合，两轮驱动推进扶贫

乌蒙山连片特困地区是新时代脱贫攻坚的主战场，是贫困地区实现全面小康的重中之重，需要将区域开发和精准扶贫紧密结合，通过两轮驱动来推进脱贫攻坚工作，以脱贫攻坚推动区域的开发，最后在区域发展中实现精准扶贫。

在长期的扶贫实践中，乌蒙山云南片区不断探索，找出了一条以整村、整乡、整族、整县、整州为单元，整合各类资金，连片开发、综合推进、整体脱贫的新路子。

（二）坚持专项扶贫和行业扶贫、社会扶贫相结合，构建大扶贫工作格局

乌蒙山区扶贫充分发挥制度优势，统筹使用财政涉农资金，引导市场主体、扶贫对象协同发力，构建了专项扶贫、行业扶贫和社会扶贫互为支撑的大扶贫格局。该片区制订了“中央统筹、省负总责、市县抓落实”的工作机制，并按照目标、任务、资金、权责“四到县”要求，不断强化贫困地区政府在脱贫攻坚中的主体责任。坚持问题导向和目标导向，充分发挥财政扶贫资金的杠杆作用，撬动行业资金、金融资金、信贷资金、社会资金等扶贫资金，不断加大对贫困区域和贫困群众的投放力度。

（三）坚持外部支持与自力更生相结合，增强发展内生动力

2012 年以来，乌蒙山区积极争取各类专项扶贫资金，大力加强项目建设，通过落实整体推进、突出易地开发、突出产业扶贫、突出抓好富余劳动力转移等项目的实施，着力加强项目区贫困群众生产生活条件改善，增强贫困农户的“造血”功能和自我发展能力，努力把人口负荷劣势转化为人力资源优势，使得专项扶贫资金使用绩效显著。扶贫方式也从“输血式”扶贫转变为“造血式”扶贫。早期的“输血式”扶贫主要是通过向扶贫对象提供生产和生活所需的物资或现金，直接让贫困人口获得最基本的生活保障。但这种扶贫方式的特点是投入大、浪费多、见效慢、易返贫。而“造血式”扶贫则根据扶贫对象的需求差异，进行精准施策，让贫困群众真正得到帮助和支持。这好比漫灌方式换成了滴灌方式，不论是在扶持对象、项目安排、资金使用还是脱贫成效上都体现出了精准扶贫的理念。通过低保政策兜底、扶持生产和就业、医疗救助扶持、移民搬迁安置等多种途径，实现贫困人口精准脱贫。产业扶贫是扶贫开发的重要内容，精准扶贫要充分发挥当地的资源禀赋特色，强化“一县一特、一乡一业、一村一品”产业培育。产业扶持要到村到户，精准帮扶，以此增强贫困地区自我发展能力。

如：2015 年，四川省提出在继续推进藏区新居、彝家新寨、巴山新居“三大板块”新村建设的同时，在乌蒙山区 3 市 9 个连片脱贫攻坚重点县实施“乌蒙新村”建设。探索出“新村带产业、产业促新村、产村互动共融”的扶

贫开发新路径。除筠连县外，屏山县、高县、珙县、兴文4个乌蒙山区县各确定1个新村作为试点，融合产业特色、民俗民族文化等，打造独具特色的乌蒙新村，发展旅游经济。

（四）坚持深化改革和创新机制相结合，切实提高扶贫工作效率

乌蒙山区一直以来都是扶贫的重点区域，目前乌蒙山区的脱贫进入啃硬骨头、攻坚拔寨的冲刺期，坚持深化改革和创新机制相结合，是提高扶贫效率的关键。

首先，不断加强建设，强化扶贫机构和队伍。进一步理顺各级扶贫机构的关系，使扶贫机构基本达到了“机构挂靠、人财物独立”的要求，强化了扶贫机构和队伍建设。同时，结合国务院扶贫办和各省扶贫办的培训安排，采取“走出去”的方式，组织扶贫系统人员到著名高校、经济发达地区和扶贫开发工作示范区参加学习培训，进一步提升了扶贫干部的政治理论水平和业务素质。其次，重视管理，确保扶贫项目持续发挥效益。在项目实施中，突出工作重点，加强对项目规划的指导，确保规划科学可行。加强对项目实施的检查督导，推进年度目标任务实现。严格执行中央、省市的各项财政扶贫资金管理办法，深入开展“廉洁扶贫行动”和推进“阳光扶贫行动”，坚决杜绝违规使用和挤占、挪用扶贫资金现象。抓好项目后续管理工作，确保扶贫项目持续发挥效益。

最后，及时调整优化扶贫政策思路，以扶贫观念更新带动扶贫政策创新。长期以来，乌蒙山片区通过资源开发带动贫困地区脱贫，但结果是许多资源丰富的贫困地区不但没有脱贫，反而耕地减少、资源枯竭，同时还把空气、水、土地污染了。乌蒙山区的区域性扶贫要取得决定性胜利，需要采取创新举措，着力扶贫政策的创新。

新时代乌蒙山区扶贫，必须树立生态扶贫的观念，教育、引导贫困地区的群众认同并树立生态文明理念，着力修复、保护生态环境。对于限制开发区域和生态脆弱的国家扶贫开发工作重点县，要弱化GDP考核，加强生态保护和补偿立法工作，完善保护与开发并重机制，扩大生态补偿范围，将自然资源优势转化为经济发展优势，积极探索符合本地区实际的生态产业化与产业生态化道路，逐渐从资源开发扶贫转变为生态扶贫，从单一的经济扶贫转变为文化、教育、卫生等与经济配套的综合扶贫。

三、乌蒙山区传统扶贫存在的问题

（一）扶贫政策在设计上存在一定缺陷，导致政策执行难以到位

现行的扶贫政策设计缺乏针对性，导致部分扶贫项目精准度不高，存在分散撒胡椒面的现象，无法集中力量和资金去解决深层次贫困问题，扶贫资金的效益和辐射功能很难发挥。不少扶贫项目属于粗放“漫灌”式，更多是在“扶农”而不是“扶贫”。以扶贫搬迁工程为例，对于居住在深山区、地质灾害频发区等地的贫困户，移民搬迁是扶贫最好的选择。但实际情况是，由于政策设计的原因，享受扶贫资金补助搬出来的多是经济条件相对较好的农户，贫困的特别是最穷的农户根本搬不起。在产业扶贫、新村扶贫、劳务扶贫等项目中，实际上受益较多的主要是贫困社区中的中高收入农户，只有较少一部分的贫困农户从中受益。

（二）扶贫工作长效机制有待健全，扶贫成果难以巩固

首先，在扶贫工作中，各部门之间的合力不够，各自为政，统筹协调能力弱。扶贫开发工作与农村其他建设项目之间缺乏有效衔接，项目对接、资金整合的能力欠缺，扶贫工作缺乏长效机制。其次，部分行业、部门和单位对扶贫开发的思想认识、重视程度和工作力度不同，实际效果差异也较大，存在不平衡状况。再次，社会帮扶体系不完善。各类社会力量参与精准扶贫的积极性、主动性和创造性不足，未能形成政府、市场和社会资源优势互补、资源共享、联动发力的大社会扶贫格局。由于贫困人口中老弱病残所占比例较高，贫困人口脱贫抗风险能力弱，因病因学致贫返贫现象较为突出，这使得贫困人口脱贫与返贫相互交替，进一步加大了扶贫工作的难度。

（三）扶贫资金和农业开发项目资金难形成合力，扶贫资金监管缺位

首先，中央和地方各级财政资金，主要用于农村水利、交通、能源、农田改造、农业开发等基础建设投入，此外还专门增设了扶贫开发专项资金。扶贫资金和其他农业资金虽然用途和支持重点不同，但目标都是一致的，都是促进农业增量、增效，农民增收，壮大农村集体经济。中央财政每年投入农业开发的项目大部分与扶贫开发项目接近，甚至类同。就扶贫资金而言，也存在来源渠道多、管理部门多、资金分散的情况。目前，扶贫资金由扶贫办、发改局、

民宗局和财政局四个部门管理，由于不同的资金管理办法、管理部门不同，难以形成合力。来源渠道分散，各部门在申报立项、资金分配、资金投向和使用等方面各有侧重。条块分割、资金分散导致了农业项目重复交叉、缺口项目、拼凑项目现象难以避免，极大地影响了财政农业投入资金整体效益的发挥。加之一些项目安排及资金分配情况不公开，缺乏群众监督，使各渠道下拨的资金难以有效捆绑整合使用，责任不清、投资效果不佳。

其次，扶贫资金监管不到位，无法保障资金安全。资金主管部门一般而言只注重报账单位原始单据在形式上是否合规、合法，往往缺乏对票据真实性的审核，忽视对扶贫项目管理过程的监管。项目主管部门也因监管力量不足等原因不能做到随时随地监督项目的具体实施情况。审计部门面对扶贫项目点多面广，实施时间长短不一，资金投放相对零散的局面，很难做到及时有效地审计。于是就存在项目竣工后不审计或漏审计的现象，使得扶贫资金缺乏有效健全的监督手段。

（四）以输血为主，造血功能不强

早期实施的输血式扶贫造成一些贫困户的主动性不高，“等、靠、要”思想严重，自主发展意识淡薄。而且这种扶贫方式的投入大、浪费多、见效慢，易返贫。贫困户的现代化信息获取渠道狭窄，很难及时地调整种植、养殖的思路及方向，往往跟不上市场的变化及需求，以至于辛苦的劳动成果到头来却打了水漂。贫困户思想守旧，不够大胆，许多人认为土地就是用来种粮食的，而没有想过其他用途，面对资金投入量较大的农产品生产时，畏首畏尾，丧失良机等等。虽然目前扶贫理念已经逐渐从“输血式”向“造血式”转变，但在实践中，很多区县依然是“慰问式”扶贫，持续的产业扶持措施少，部分贫困村存在干部“点菜”、群众“下厨”的现象。贫困区域受到本身的自然条件不佳、扶贫队伍本身的管理水平欠缺、缺乏周密的产业发展规划的限制，传统扶贫模式多是政府“一头热”的“输血式”扶贫。

（五）产业扶贫效益不明显，持续性差

产业扶贫是实现贫困人口增收的重要途径，但是当前农业产业面临着严重的结构性问题，首先表现在扶贫产业雷同化和低水平重复等方面。如果相邻县域都发展同样的扶贫产业，在缺乏区域协调的情况下，县域之间就会形成相互竞争，最终的结果就是扶贫产业缺乏明显收益，持续性差，甚至还可能导致扶

贫产业的负产出。其次是产业项目仓促上马，没有经过详细的市场调查和分析，导致项目开展不适时，效益低的结果。产业扶贫缺乏计划性和协作性的结果很可能是此消彼长或是“增产不增收”。在产业扶贫中，贫困区域和贫困群体的主要诉求是通过资本、技术、市场等要素的引入，内置发展根基。但从部分区域调研的情况看，有四个问题值得关注：一是高度重视项目落地，但忽视项目后期收益的实现和产品营销；二是对产业发展呈现出强烈的规模与数量偏好，忽视区域农业的发展差异与实际情况；三是忽视区域产业发展的制约因素，同质化现象突出；四是扶贫产业项目在合同签订时未充分考虑贫困户和贫困人口的倾斜条款，使得扶贫项目收益未能在第一时间惠及贫困户或贫困人口，让扶贫产业在扶贫效率上大打折扣。

要充分发挥产业扶贫的功效，必须做到：一是根植于区域资源优势，二是让贫困农户充分地参与产业发展，实现共享发展。因此，在产业扶贫中，要避免扶贫产业项目的跟风与盲从，应该立足地方特色，形成具有地方独特优势的产业。

（六）贫困群众参与的积极性不够高，参与程度比较低

传统的扶贫工作总的来说是一种单向的自上而下的政府行为，政府部门对扶贫项目的设计、实施和管理习惯于包办，排斥群众参与，群众也自然养成了“等、靠、要”的依赖思想；即使贫困人口参与到项目中来，也只是被动地出工出力和自筹资金，主动性和发展决策权没有得到足够的重视和挖掘。这就造成了实际中的一些问题：一是扶贫项目的设计脱离贫困农户的实际需求，影响了扶贫的效果，同时也造成了扶贫资源的浪费；二是扶贫项目在具体实施和管理中缺乏有效的群众监督；三是贫困群众对政府组织实施的项目缺乏责任感，对这些项目进行后续管理和维护的积极性不高，从而易造成扶贫行为的短期性和扶贫资源的浪费；四是当前农村大部分劳动力外出务工，留守家里的基本是妇女、老人和孩子，由于劳动力不足，也很难组织群众参与扶贫工作。如何提高参与程度，还需积极深入探索。

第四节　乌蒙山区传统扶贫与国土开发的关系

一、国土开发与“三农”问题的关系

国土开发，首先关系到一切物质依附的基础、国家稳定的基础、农民赖以生存的基础，也就是“地”。古今中外，国与国之间为土地而互相争夺甚至连年征战。我国历史上几千年来的朝代更迭，也无一不与国土有关。国土开发，关系到粮食安全，影响世界和平与安定，也就是“粮”的问题。国土开发关系到人口密度、人口性别比、文化服务、农村基础教育、医疗保障等方面的问题，即“人”的问题。国土开发关系到农民收入、村集体公共积累、乡镇财政、国家税收、投资主体等方面的问题，即“钱”的问题。国土开发关系到农民的合法权益维护、党支部与村委会的关系、村级组织管理缺位等问题，也就是“权”的问题。由此可见，国土开发与“三农”问题息息相关。国土开发离不开“钱、粮、人、权、地”，它们是一个互为因果、互相影响的多角关系。在这些关系中，“地”是因，也是果。因而，“地”是这些多角关系的中心，土地不论对于一个国家还是一个农户来说都是最重要的生产资源，也是其赖以生存的基础。本书从理论探讨和实证分析两个方面来研究国土开发与三农问题之间的关系。

二、国土开发与扶贫的相互关系

（一）国土开发为产业扶贫打下坚实基础

进入新时代，随着经济社会的迅速发展以及扶贫标准的提高，农民对政府的需求也产生了较大变化，传统的为农户修建蔬菜棚或送仔猪的方式，已经不足以支持贫困户脱贫致富。不同于政府的无偿扶持，贫困山区的脱贫致富更多需要内生动力，扶贫也由“输血”转变为“造血”。贫困农户更需要的是持续的生产能力和增加财产性收入，而产业扶贫作为一种内生发展机制，是扶贫的一种有效途径，能有效解决上述问题。农林产业扶贫、电商扶贫、资产收益扶贫、科技扶贫是产业扶贫的重要内容，而这些内容都与国土开发有关。

乌蒙山区贫困面广、贫困程度深的一个主要原因就是自然环境恶劣、土地质量低、产出能力低，产业结构单一，但它又是矿产资源富集的地区。土地和

矿产资源在脱贫中扮演着重要角色，国土部门的扶贫主要是发挥行业优势，将坚持物质扶贫与增强造血机制、增强内生动力相结合，以土地计划指标倾斜、地质矿产勘察与开发、打井找水、土地整治、地质灾害防治、矿山地质环境治理和生态恢复等工作为切入点，发挥国土部门、地勘行业的优势，将扶贫开发与国土资源管理改革相结合，有效促进了贫困地区经济社会发展。其中，土地整治是扶贫的重要抓手，主要以高标准农田建设和推进中低产田改造为重点。通过土地整治，加快了土地流转的进程，解决了目前土地抛荒和半抛荒，国土不能很好利用、国土的综合价值大打折扣的问题，使规模化经营成为可能、加快了现代农业发展。在贫困地区进行矿产资源勘探，发现新的矿产资源，使之成为当地发展新的经济增长点，矿产资源的共享切实增加贫困农户收益。开展土地质量地球化学调查评价，则为发展特色农业奠定基础。通过矿山生态环境恢复治理，推动旅游产业发展。这些无疑都为产业扶贫打下坚实基础，使得扶贫成果实现可持续。

（二）土地整治是乌蒙山区扶贫的基础和平台

土地是人们赖以生存的基础，不论是基础设施扶贫、产业扶贫，还是易地搬迁扶贫，都有用地需求，使得扶贫与国土开发存在着紧密联系。唯有通过最基础的国土开发扶贫，才能解决该地区的生存和发展问题。而土地整治作为改善土地生产条件和生态环境、优化土地结构的工程技术措施，对于提升土地要素对扶贫开发的支撑能力具有积极的现实意义。提高综合生产能力的基础是农田水利基础设施建设，国土开发扶贫刚好可以清除脱贫障碍，补齐农业生产的短板。

自然资源禀赋差、基础设施条件差、生态环境脆弱、产业结构不合理的集中连片贫困区，对土地整治特别是农用地整治有强烈的现实需求。第一，土地整治守住了扶贫开发地区的口粮田，实现了耕地“数量不减少，质量有提高”的目标，通过土地整治对生态系统进行修复和保护，实现了生态安全和粮食安全。第二，乌蒙山区被列为地质灾害重点防控区域，通过地质灾害防治和矿山地质环境恢复治理，消除该地区的地质灾害隐患，保护了广大群众生命安全，避免了财产损失。第三，通过土地整治中的各项工程措施，优化田块布局，提高了稳产高产良田面积，改善了耕作条件，完善农田水利基础设施和道路布局等，耕地质量得以提升，这为产业扶贫提供了基础和条件。第四，城乡建设用地增减挂钩解决了易地搬迁的用地和资金需求，极大地推动了扶贫生态移民工程建设。第五是对移民搬迁后有复垦条件的旧村庄、旧宅基地，积极组织复垦，实现了占补平衡。

（三）土地政策是扶贫开发的重要保障

原国土资源部为支持发展地区经济社会发展，在扶贫开发的不同阶段出台了一系列土地政策，为促进我国扶贫开发做出了有力贡献。脱贫攻坚阶段，扶贫任务艰巨，不同类型的贫困地区有着不同的政策需求。对此，原国土资源部制订了一系列新的国土资源扶贫政策，这些政策在各贫困地区落地生根，释放出的红利日益显著。原国土资源部门综合运用土地政策，在建设用地计划安排、城乡建设用地增减挂钩试点等方面给予贫困地区倾斜，并要求各地充分考虑农村扶贫开发实际需求，加大支持力度。对于新增建设用地计划、增减挂钩计划，通过占补平衡，利用土地整治实现政策整合，打通增减挂钩、土地整治与耕地占补平衡通道，允许来自不同渠道的新增耕地用于占补平衡，发挥土地政策在脱贫攻坚中的综合效用。此外，加强对集中连片特殊困难地区的矿产资源规划编制的指导，部署开展了乌蒙山区云南锡钨矿、贵州遵义锰矿等一批重点矿区和重点矿种的专项规划，统筹资源开发、环境保护、区域发展，着力推进找矿突破，优化矿产开发利用布局，延伸产业链，加快资源优势转化为经济优势，促进贫困地区民生改善。第三，在防治地质灾害，保障人身财产安全方面，出台系列规划及实施方案指导地灾防治工作，并对重点防护区加大防治力度，在年度财政专项切块资金中予以重点支持。在乌蒙山区，重点开展了以地质灾害防治和找水打井为重点的地质灾害综合防治体系建设。从对脱贫攻坚用地保障到增减挂钩政策助力易地扶贫搬迁，土地政策为扶贫攻坚做出了巨大贡献。

在这些政策中，城乡建设用地增减挂钩被认为“含金量”极高。该政策主要是指通过对零星分散、低效利用的农村建设用地实施建筑拆除并复垦成耕地，将节约出来的建设用地指标调剂到城镇使用，即城镇建设用地增加与农村建设用地减少相挂钩。2016 年，原国土资源部下达贫困地区省份计划指标 76 万亩，保障易地搬迁脱贫工程建设，22 省（区、市）安排了 170 万亩新增建设用地计划。2017 年 2 月，原国土资源部在出台的《关于用好用活增减挂钩政策积极支持扶贫开发及易地扶贫搬迁工作的通知》中明确规定：在连片特困地区和国家扶贫开发工作重点县开展易地扶贫搬迁，允许将城乡建设用地增减挂钩指标在省域范围内使用。不少贫困地区用好用活增减挂钩政策，获得可观收益。如：位于乌蒙山区的四川省叙永县和古蔺县利用增减挂钩节余指标发行20亿元易地扶贫搬迁债券，首批发行5亿元已获得成功。

原国土资源部从2016年起为全国592个国家扶贫开发工作重点县每县专项安排600亩用地计划指标，并要求省级国土资源部门加大对国家扶贫开发重点县的用地保障力度。2017年6月，印发了《全国土地利用总体规划纲要（2006—2020年）调整方案》，该方案明确了贫困地区所在的各省2020年以前耕地保有量、基本农田保护面积和建设用地总规模3项土地利用主要指标，并提出要优先安排脱贫攻坚用地。同时，为贫困地区优先安排土地整治项目和资金，在《土地整治“十三五”规划》中明确指出在下达高标准基本农田建设年度补助资金和分配中央分成新增费时，重点向贫困地区倾斜，优先安排贫困地区土地整治项目和资金，着力改善当地生产生活条件。

2016年，原国土资源部下达全国工矿废弃地复垦利用计划50万亩，向贫困地区所在的18个省份倾斜。从2017年起，积极开展贫困地区城镇低效用地再开发。此外，原国土资源部大力支持贫困地区地质调查、矿产资源勘察开发和综合利用，在项目资金上给予倾斜。在部分贫困县开展土壤质量调查项目，为贫困地区发展特色农业产业提供技术支持。在对地质灾害治理在项目、资金上给予支持，支持贫困地区开展矿山地质环境恢复治理和矿山地质公园建设。

（四）扶贫开发为国土开发提供了一定的资金支持

国土开发是一项复杂的社会系统工程，涉及村庄整治的项目，要统筹解决土地整治、集中居住点建设以及基础设施配套的资金问题，需要巨额的资金支持。乌蒙山区土地整治对资金、技术要求较高，政府投入到土地整治的资金难以满足需要。即使部分项目整合了涉农资金，但仍然存在着较大的资金缺口，尤其是村庄整治资金严重不足。部分地区的土地整治项目因资金投入不足而中途停止施工，阻碍了农村土地整治的实施进程。财政专项扶贫资金主要用于国家确定的集中连片特困地区和扶贫开发工作重点县，革命老区县，重点贫困乡（镇）、村及其他重点贫困地区。扶贫资金的投入，可以为土地整治提供一定的资金。土地整治项目的开展同样要结合扶贫开发工作，向重点地域和方向倾斜。如：《贵州省财政专项扶贫资金管理办法》（黔财农〔2012〕101号）规定，财政专项扶贫资金使用范围包括了农村贫困地区基本生产生活条件改善、农村基础设施建设、贫困农户危房改造、生态移民以及易地扶贫搬迁。

三、国土开发与扶贫相互关系的实证分析——以寻甸县为例分析土地整治对扶贫的贡献

（一）土地整治对扶贫的具体作用分析

土地整治的目的是通过合理组织土地利用，优化土地的结构布局，提高土地的产出率和集约利用率。其对扶贫的作用主要表现在以下几个方面：

1. 增加农业耕地数量，缓解人地紧张关系

我国贫困地区大部分都是在山区，土地基本都是山地多、坝区少、林地多、耕地少的状况；人均可耕地面积较小。寻甸县也不例外，全县山地面积占土地面积的 87.53%，坝区面积仅占 12.47%，3 千公顷以上的坝子仅有 5 个①。全县林地面积占土地总面积的 50.23%，耕地面积占土地总面积的 29.28%②。人均耕地面积仅为 0.06 公顷③，小于全国人均耕地面积 0.09 公顷④。寻甸县是一个农业县，农村常住人口占全县常住人口的 73%，农村常住人口人均耕地仅为 0.092 公顷⑤，人多地少，人均产出低，绝大多数农民一直为温饱而挣扎。自 2004 年土地整治工作开展以来，寻甸县通过整理工矿企业废弃土地和农村旧住宅、废弃宅基地等，8 并进行复垦，新增加耕地面积达 6640 公顷⑥。增加耕地资源无疑对贫困地区的耕地紧张关系起到缓解作用。

2. 配套农田基础设施，“靠天吃饭”局面改变

贫困地区的耕地大部分是山地和旱地，农田水利、道路等基础设施投资大、建设难度高，建设相对滞后。寻甸县有 65% 的常用耕地是“雷响田”、旱地和轮歇地⑦，风调雨顺时才有收成，一旦遇到干旱将颗粒无收。通过土地整治项目，寻甸县修建水池水窖 6034 座，新建灌、排渠（管）699 千米，新增和改善农田灌溉、防涝约 20 万亩，建设田间道路 698.98 千米⑧。随着农田基础设施的配套完善，农业生产条件得到较大改善，农民“靠天吃饭”的局面

① 来自 1983 第二次土壤普查结果。
② 1995 年土地详查提供的数据。
③ 来自《2017 年寻甸统计年鉴》。
④ 来自新浪财经“全球宏观经济数据”，人均耕地面积统计指标 2015 年数据．http：//finance. sina. com. cn/worldmac/indicator_ AG. LND. ARBL. HA. PC. shtml。
⑤ 根据 2017 年寻甸县统计年鉴计算。
⑥ 来自寻甸县国土资源局数据。
⑦ 根据 2017 年寻甸县统计年鉴计算。
⑧ 来自寻甸县国土资源局数据。

逐步改变。

3. 加大高标准农田建设，提高质量，增加产出

“耕地质量差，农业产出低”是贫困地区农民、农村贫困的主要根源之一。寻甸县粮食单产仅为 266 公斤/亩，2013 年以来建设高标准农田 5468 公顷，基本达到了“田成片、渠相通、路相连、旱能灌、涝能排”的要求，建设后的高标准农田使粮食单产每亩增加 212 公斤。

4. 集中连片整合治理，改善结构，提效增收

贫困地区土地碎片化及田间道路高低不平阻碍了农业现代化。寻甸县通过地块整合、土地平整，改善规模经营和机械化生产条件，高效集约的土地利用结构逐步形成，为引入“农头”企业整体流转土地或大户承包土地集中经营提供了条件，促进了农业种植结构和技术的调整。贫困人口不仅能获得租金收入，还能通过为承包者打工，实现“种自己的地、收他人的租、赚别人的钱”，有效增加了贫困农户的收入来源。自 2004 年以来，寻甸县实施土地平整和整合项目共 24734 公顷，项目区内实现人均增收 534 元。

通过土地整治项目的实施，寻甸县贫困地区实现了“实施一项工程，培育一个项目，带动一个产业，富裕一方百姓”的良好效果，走出了一条通过土地开发，实现农业转型升级，助力脱贫攻坚的新路子。

（二）土地整治促贫困地区农业增长的实证分析

土地整治增加了农业的土地资源投入，提升了土地资源的质量，改善了土地质量，也进一步推动了农业的发展。贫困地区的人力资源相对过剩，但土地资源和资本相对不足。土地资源数量和质量的提升不仅促进了农业的产出，而且改变了农业的生产投入结构，提高了土地的利用率。因此，建立土地整治过程中的农业生产模型，分析土地资源投入变化对农业产出的影响及提高土地利用率对农业产出的影响，进一步分析土地整治对农业增长的贡献率，有助于为土地整治项目在贫困地区的政策制定和实施提供科学和详细的数据支撑。

1. 理论模型的选择

生产函数表示了投入和产出的从容关系，在宏观经济学的增长理论中，在讨论技术进步的时候，生产函数有着广泛的应用。在处理实际经济问题时，生产函数是一种生产技术的制约。

假定某产品生产过程中使用了 n 种生产要素，用 $X1$、$X2\cdots Xn$ 顺次表示。Q 表示所能生产的最大产量，则生产函数可以写成以下的形式：

$$Q = f\ (X1、X2\cdots\cdots Xn)$$

该生产函数表示在既定的生产技术水平下，生产要素组合（$X1$，$X2\cdots Xn$）在每一时期所能生产的最大产量为 Q。

生产函数模型有固定替代比例生产函数模型、固定投入比例生产函数模型、C—D 生产函数模型（柯布—道格拉斯生产函数）、CES 生产函数模型等。其中，最常用的是 C—D 生产函数模型，即生产投入与产出之间的幂函数关系。农业投入的生产资料主要包括人力、财力和土地。土地对产出的影响因素包括土地利用率和土地面积。在许多农业生产函数的文献中，要么将土地利用率归为农业科学技术对产出的影响因素，要么用农业播种面积作为土地投入要素。由于本文主要讨论土地整治对农业产出的影响，土地整治项目不仅改变了耕地面积，而且通过改良土壤改变农业结构，在一定程度上提高了农田的利用率，对复种指数的改变发挥了作用。故 C—D 模型引入农林牧渔从业人数、农业资本、耕地面积和复种指数作为解释变量，将农业总产值作为被解释变量。

C—D 生产函数的 Panel Data 理论模型如下：

$$Y_{it} = AL_{it}^{\beta_1} J_{it}^{\beta_2} D_{it}^{\beta_3} L_{it}^{\beta_4} e_{it}^{t\mu it} \tag{1}$$

其中：Y_{it}表示第 i 个乡镇第 t 年的农业总产值；

L_{it}表示第 i 个乡镇第 t 年的农林牧渔从业人数；

K_{it}表示第 i 个乡镇第 t 年的农业资本；

D_{it}表示第 i 个乡镇第 t 年的耕地面积；

F_{it}表示第 i 个乡镇第 t 年的复种指数；

e 表示自然对数的底；

μ_{it}表示模型的随机干扰项，也表示技术进步率；

A 表示常数项；

i 表示截面数据的单位；

t 表示时间变量；

β_1 待估参数，表示农林牧渔从业人数弹性；

β_2 待估参数，表示农业资本弹性；

β_3 待估参数，表示当年耕地面积弹性；

β_4 待估参数，表示复种指数弹性；

将模型（1）线性化处理，等号两边同时取对数，得模型（2）：

$$lnY_{it} = \beta_0 + \alpha_i + \gamma_t + \beta_1 lnL_{it} + \beta_2 lnK_{it} + \beta_3 lnD_{it} + \beta_4 lnF_{it} + t\mu_{it} \tag{2}$$

其中：$lnA = \beta_0 + \alpha_1 + \gamma_{ti}$

β_0：模型（2）的常数项；

α_1：Panel Data 模型截面的固定影响；

γ_t：Panel Data 模型时间的固定影响。

借鉴索罗余值理论中各要素贡献率的测定方法计算土地整治对农业增长的贡献率，对模型（2）两边求导：

$$\frac{1}{Y_{it}}\frac{dY_{it}}{dt}=\beta_1\frac{1}{L_{it}}\frac{dL_{it}}{dt}+\beta_2\frac{1}{K_{it}}\frac{dK_{it}}{dt}+\beta_3\frac{1}{D_{it}}\frac{dD_{it}}{dt}+\beta_4\frac{1}{F_{it}}\frac{dF_{it}}{dt}+\mu_{it} \tag{3}$$

在此按年度计算增长率，故 $dt=1$，将微分式（3）改为离散式（4）

$$\frac{\triangle Y_{it}}{Y_{it}}=\beta_1\frac{\triangle L_{it}}{L_{it}}+\beta_2\frac{\triangle K_{it}}{K_{it}}+\beta_3\frac{\triangle D_{it}}{D_{it}}+\beta_4\frac{\triangle F_{it}}{F_{it}}+\mu_{it} \tag{4}$$

其中：$\frac{\triangle Y_{it}}{Y_{it}}$表示农业总产值增长率；

$\frac{\triangle L_{it}}{L_{it}}$表示农林牧渔从业人数增长率；

$\frac{\triangle K_{it}}{K_{it}}$表示农业资本增长率；

$\frac{\triangle D_{it}}{D_{it}}$表示农业当年耕地面积增长率；

$\frac{\triangle F_{it}}{F_{it}}$表示复种指数增长率。

公式（4）可以理解为农业的增长，主要来自生产投入要素——农林牧渔从业人数、农业资本、耕地面积、复种指数和其他综合技术因素的贡献。根据索罗余值法中贡献率的求解，耕地面积对农业增长的贡献率 =（耕地面积弹性 * 耕地面积增长率）/农业总产值增长率。

$$C_L=\left(\beta_3\frac{\triangle D_{it}}{D_{it}}\right)/\frac{\triangle Y_{it}}{Y_{it}} \tag{5}$$

其中：C_L 表示耕地面积对农业增长的贡献率；

2. 数据的选取和处理

数据来源于国家统计局、寻甸县的统计年鉴和国土资源局土地整治项目。从寻甸县 2007—2016 统计年鉴中选取了全县共 14 个乡镇农业总产值、农林牧渔业从业人员、农作物播种面积、年初耕地面积、农用化肥施用量、农用塑料薄膜使用量、农药使用量共七个指标的数据。从国家统计局选取了 2007—2016 年的农林牧渔生产总值指数和农业生产资料价格指数。土地整治数据来自寻甸县国土资源局土地整治项目2007—2016年14个乡镇的已经验收项目，包括高标准农田建设和补充耕地的土地开发整理项目。

数据主要进行了以下处理：一是农业总产值作为模型的被解释变量，用当年价格表示，因此应将农业总产值指数换算为以2007年作为基年的可比价格。二是年初耕地面积加上当年结项的土地开发整理项目中的新增土地面，即为当年耕地面积。如果是高标准农田建设，根据高标准农田建设每亩至少增加粮食产量100公斤的要求和寻甸粮食单产仅为212公斤/亩的现状，可作高标准农田建设后粮食产量增加30%的推算，先将高标准农田按1.3倍折算为普通农田，然后计算增加的面积，用年初耕地面积加上当年结项的高标准农田的新增土地面积，即为当年耕地面积。三是农业资本投入用农用化肥施用量、农用塑料薄膜使用量、农药使用量分别乘以各自的价格加总而得。由于缺乏农用化肥当年的价格数据，故用“中国农资网”2017年的复合肥价格根据农业生产资料价格指数折算成2007年价格，农用薄膜和农药按相同方法处理。四是农作物复种指数用播种面积除以耕地面积获得。

3. 土地整治促进农业增长的模型估计结果

利用寻甸县14个乡镇2007—2016年的面板数据，使用Eviews 8.0计量软件用普通最小二乘法（OLS）对模型（2）进行了回归分析，估计结果如下：

$$\ln Y_{it} = -3.017 + \alpha_i + \gamma_t + 0.36\ln L_{it} + 0.236\ln K_{it} + 0.268\ln D_{it} + 1.142\ln F_{it} \quad (6)$$

(-3.52) * (2.009) * * (5.498) * (2.086) * (6.622) * *[1]

$\overline{R^2} = 0.9564$，$F = 118.285$ *

α_i 表示截面固定影响（截面固定影响的卡方检验统计量：$\chi^2 = 212.08$ *）（见表4-5）：

表4-5　寻甸县截面数据——各乡镇固定影响效应表

乡　镇	甸沙乡	凤合镇	功山镇	河口镇	鸡街镇	金源乡	柯渡镇
截面固定影响	-0.26	-0.22	-0.11	0.35	0.50	-0.01	0.07
乡镇	联合乡	六哨乡	七星镇	仁德镇	倘甸镇	先锋镇	羊街镇
截面固定影响	-0.51	0.06	-0.13	0.16	0.06	-0.29	0.33

① * 表示在 $\alpha = 1\%$ 时，估计量显著；* * 表示在 $\alpha = 5\%$ 时，估计量显著；* * * 在 $\alpha = 10\%$ 时，估计量显著。

γ 时间的固定影响（时间固定影响的卡方检验统计量 $\chi^2 = 111.06*$）（见表4-6）：

表4-6　寻甸县时间序列固定影响效应表

年　份	2007	2008	2009	2010	2011
时间固定影响	-0.22	-0.32	-0.15	-0.07	-0.16
年　份	2012	2013	2014	2015	2016
时间固定影响	0.02	0.14	0.18	0.29	

模型检验结果显示，模型（6）可决系数和方程通过1%的显著性水平检验，模型具有较高拟合优度，所有估计参数均通过5%的显著性水平检验。模型（6）的截面固定影响和时间固定影响的卡方检验均通过1%的显著性水平检验。

4. 模型的结论分析

根据模型估计结果可得到以下结论：

（1）当年耕地面积每增加1%，农业总产值将增长0.268%。耕地投入属性与劳动力和资本投入具有不同性质：一方面，土地资源是较为稀缺的自然资源，在人多地少、土地资源已经充分利用的情况下，很难增加新投入；另一方面，耕地属于固定资本投资，即一次投入长期回收，面积一旦增加，未来可以持续使用，不需要每一年重新投入，甚至具有永续收益的特性，而劳动力和农业资本每一年都需要重新投入。

（2）土地复种指数每增加1%，农业总产值将增加1.142%。通过土地整治，加大保水、保土、保肥"三保田"建设力度，改善土地生态环境，改善农作物的种植结构，提高土地的复种指数，将能够较大幅度地提高农业总产值。

（3）同一县域下的各乡镇之间的农业投入产出具有明显的差异，寻甸县14个乡镇中部分乡镇的投入—产出效率相对较高，例如鸡街镇、河口镇、羊街镇、仁德镇、柯渡镇、六哨乡和倘甸镇；其他乡镇的投入—产出效率相对较低。

（4）农业投入—产出效率随着时间的推移不断提高。从2007年至2016年，时间固定影响效应从-0.22逐步增长至0.30，不断增长。说明除了模型所包括的投入要素，科学技术等其他因素不仅对农业产出的作用明显，且随着时间的推移，对农业产出的促进作用不断增长（见图 4－1）。

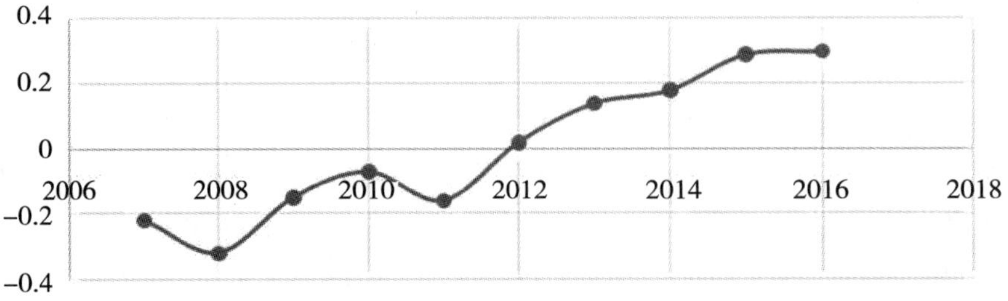

图 4－1　时间的固定影响图

（5）运用公式（6）测算了寻甸县 2007—2016 年的 25 个土地整治项目的新增耕地面积对农业增长的贡献率，利用折算后的耕地新增面积除以上一年的耕地面积得到耕地增加比例。尽管土地新增比例较低，但耕地面积的增加对农业增长的贡献明显。

表 4－7　寻甸县新增耕地面积对农业增长的贡献率

时　间	项　目	新增耕地比例	耕地面积贡献率	时　间	项　目	新增耕地比例	耕地面积贡献率
2011	甸沙乡	1.92%	2.35%	2013	鸡街镇	0.84%	1.19%
2015	甸沙乡	2.52%	3.81%	2009	柯渡镇	0.11%	0.20%
2009	凤合镇	0.10%	0.18%	2011	联合乡	0.35%	3.05%
2014	凤合镇	0.48%	1.53%	2016	六哨乡	0.64%	1.60%
2015	凤合镇	1.03%	12.31%	2011	七星镇	0.46%	2.56%
2015	功山镇	0.36%	0.48%	2016	七星镇	0.45%	1.82%
2016	功山镇	0.66%	2.07%	2012	仁德镇	0.04%	0.04%
2011	河口镇	0.33%	1.09%	2015	仁德镇	0.20%	2.53%
2012	河口镇	0.78%	0.62%	2009	倘甸镇	0.07%	0.11%
2015	河口镇	0.76%	2.29%	2015	倘甸镇	0.62%	3.91%
2016	河口镇	0.51%	0.82%	2009	先锋镇	0.76%	0.43%
2009	鸡街镇	0.19%	0.09%	2015	先锋镇	0.23%	0.73%
2011	鸡街镇	0.21%	0.44%				

（三）土地整治在扶贫过程中存在的不足

1. 土地整治项目的总体投入不足

土地整治项目从根本上改变了贫困地区土地贫瘠、基础设施条件薄弱和土壤生态质量较差等问题，对农业产值增长的促进作用明显，不仅在项目完成当年实现明显收益，而且一旦投入可获得长期持续性收益。从土地整治项目开展至 2018 年，寻甸县进行的土地整治项目总面积仅占其耕地总面积的约 20%。该县靠天吃饭的旱地和“雷响田”占比约 65%，近 65% 的土地资源仍将维持原状，依靠这些土地生存的贫困人口在“挂包帮”政策帮扶下即使在当前标准下脱贫，但由于自然和经济条件的限制，难改变现在的生产条件和生产方式，也难于避免返贫的可能性。

2. 土地整治后续资金投入不明朗

目前贫困地区土地整治的资金大部分来源于扶贫项目。随着“脱贫摘帽”攻坚工作的结束，各种扶贫项目和资金的减少是必然的。贫困地区由于地方财政资金有限，“未来土地整治项目的资金从何而来，土地整治项目是否可持续”目前尚无法确定。

3. 新增土地的分配权缺乏指向性

部分新增耕地为村集体所有，土地资产所有权虽然明确，但从扶贫角度看却略有不足。当前部分贫困户除了受自然条件恶劣和耕地贫瘠的限制外，还受自身能力不足的限制，这部分贫困户返贫的可能性比较大。贫困地区的大部分土地整治项目投资主要来源于扶贫项目，但土地整治的集体收益部分的收益权并未明确指向贫困人群，当贫困人口需要村集体的帮扶时，经济薄弱的村集体将无能为力，从而可能使扶贫资金未完全达到最初的使用目的。

第五章 乌蒙山区国土开发技术创新扶贫模式研究

根据《中国农村扶贫开发纲要（2011—2020年）》精神，按照“集中连片，突出重点，全国统筹，区划完整”的原则，国家在全国共划分了六盘山区、秦巴山区、武陵山区、乌蒙山区、滇桂黔石漠化区、滇西边境山区、大兴安岭南麓山区、燕山—太行山区、吕梁山区、大别山区、罗霄山区、西藏、四省藏区和新疆南疆三地州共14个片区作为脱贫攻坚的主战场。党的十八大明确提出了到2020年要在中国消灭贫困并实现全面建成小康社会的目标，同时提出了精准扶贫的概念与战略，即：扶贫对象精准、项目安排精准、资金使用精准、措施到户精准、因村派人精准和脱贫成效精准。党的十九大进一步要求要打好脱贫攻坚的战役，确保到2020年实现精准脱贫，实现中国共产党和中国政府对世界的庄严承诺。自然资源部（原国土部）长期以来协调联系乌蒙山区的脱贫攻坚工作，并根据部门的工作特点和优势，积极实验和示范了一系列脱贫攻坚措施，取得了较好的成效，推动了乌蒙山区的精准脱贫工作。

第一节 国土开发扶贫的作用及经验总结

一、国土开发对贫困人口脱贫致富的促进作用

（一）改善了贫困农户的农业生产条件

《中国农村扶贫开发纲要（2011—2020年）》中多处提到要加强土地整治，充分表明土地整治已经成为我国扶贫开发工作的重要举措。绝大多数的扶贫开发重点县都有以下共同特点：自然资源禀赋差、基础设施条件差、生态环境脆弱、产业结构不合理，对土地整治特别是农用地整治有强烈的现实需求，乌蒙山区更是如此。以土地整治为主的国土科技开发，改善了贫困户的农业生产条

件，优化了土地资源，对促进当地经济社会发展与社会和谐起到了重要作用。

自 2001 年我国大规模开展土地整治以来，原国土资源部门认真贯彻中央扶贫开发方针，积极探索土地整治与扶贫开发相结合的途径，坚持土地整治项目和资金安排向贫困地区倾斜，在广大贫困地区大力推进以农用地整治为重点的土地整治工作，通过田地平整、农田水利、田间道路及生态环境保持等工程建设，着力改善贫困地区的生产生活条件和生态环境。原国土资源部于 2006 年在全国设立了 116 个基本农田保护示范区，2008 年以来会同财政部安排了 10 多个土地整治重大项目和 10 个示范省建设，2012 年又全面启动了 500 个高标准基本农田示范县建设，并将乌蒙山区 38 个县（市、区）全部纳入高标准基本农田建设示范县，开展土地综合整治。据调查统计，十余年来，共在扶贫开发重点县安排土地整治项目约 1.5 万个，投入资金 520 多亿元，建设总规模达 3400 多万亩，惠及 1200 多万贫困人口，有力支持了国家扶贫攻坚战略目标的落实。其中，2012 年云南省开展的“兴地睦边”土地整治重大工程，原国土资源部下达资金 11.2 亿元。2015—2016 年，又在乌蒙山四川片区安排了 5 个土地整治项目，下达资金 13900 万元，建设总规模 0.66 万公顷，新增耕地 833 公顷。

通过土地整治，耕地基础设施条件大为改善，项目区土地成为高产稳产农田，土地利用程度普遍提高了 3% 以上，粮食产能普遍提高 10% ~20%，生产成本平均降低 5% ~15%，耕地综合生产能力得到较大提高。增加了耕地数量，耕地基础设施条件大为改善，防灾减灾能力大幅提升，增加了农民务农收入。云南省“兴地睦边”土地整治重大项目自 2010 年实施以来，新增耕地 9.93 万亩，耕地粮食产能亩均提高 200 多公斤，项目区内农民人均增收 500 元~800 元。新增耕地还解决了 50 多万农民的长远生计。同时，所实施的部分项目还为 3 万多易地扶贫移民提供了生产生活用地。

在乌蒙山区，“田、水、路、林、村”的综合整治，解决了农村建设用地散乱、废弃、闲置、低效利用的问题，土地利用布局得到优化，农村基础设施和公共服务设施不断完善，既增加了农田面积，又改善了农村基础设施以及贫困乡村生态环境和农民居住条件。如：凉山州 8 县在 2011—2015 年，完成土地整治 102.55 万亩，建设高标准农田 16.67 万亩。通过国土开发整治，生态环境明显改善。治理岩溶区石漠化土地 743.5 平方千米，淘汰重金属落后产能项目 44 个，实施重金属综合污染防治项目 12 个，完成 31 个村的农村连片环境整治，划界立标保护 180 个农村集中式饮用水源地，新建 8 个救灾物资储备库附属设施。对3385.1万亩国有森林常年开展有效管护，巩固退耕还林成果163.51万亩。

通过土地整治，乌蒙山区建设土地平整、集中连片、设施完善、农田配套、生态良好的耕地，进一步改善扶贫点农业生产生活条件，优化资源，增强农业发展后劲，推进土地流转，增加农民收入，促进经济社会持续健康发展，使之成为一项利民惠民的民心工程。

（二）增加了贫困农户的土地资产

通过土地整治项目，划分权属，土地变成了贫困农户最值钱的资产。通过土地流转，引导贫困村贫困户将、集体资产承包土地和个人财产入股，采取委托经营、合作经营等方式，确保贫困村和贫困户多渠道增收，以此增加贫困农户资产。

贫困农户把土地交与村委会托管，而村委会认真经营，公开土地流转，让有实力的企业、大户承租土地，从事种植、养殖等生产。这样，不仅村集体有了稳定收入来源，而且，贫困户优先到企业务工，实现快速脱贫。

在不改变用途的情况下，财政专项土地扶贫资金和其他涉农资金投入设施农业、养殖、光伏、水电、乡村旅游等项目形成的资产，具备条件的通过折股量化给贫困村和贫困户，尤其是丧失劳动能力的贫困户，此途径也大大增加了贫困农户资产。支持农民合作社和其他经营主体通过土地托管、牲畜托养吸收，带动贫困户增收。

另外，大多数贫困地区水电、矿产资源富集，资源开发项目较多，企业在资源开发过程中征占了土地，土地补偿费也进行折股量化，设立集体股权，并按股权比例逐年分配项目收益。

（三）促进了贫困地区农业产业的转型升级

随着传统农业向现代农业的转型，传统分散的小农经济因其低效率将逐渐被淘汰，机械化、规模化、产业化的现代农业经营体系将是发展趋势。现代农业发展除了缺资金、缺技术和缺人才，也缺土地。

为缓和土地供需矛盾，实现土地资源可持续利用，通过土地综合整治增加有效耕地面积，缓和建设用地需求紧张的情况。通过平整土地、归并地块、拓宽农机道路、改善排水设施、完善防护林等措施，助力农业机械化作业和规模化生产，促进农业产业化发展。

现代农业追求的是“优质、高效、生态、安全”，而实现这一切的基础是高效的农田生态系统。而土地整治，改善了农业生产条件、有效治理了水土流失，有利于实现农业资源的可持续利用，建设良好的农田生态系统。

土地权属划分、土地承包经营权流转使得大量土地集中到了种植大户或种植企业手中，使得规模化生产得以实现。通过深化以土地所有权、承包权、经营权“三权分置”为重点的农村土地制度改革，优化了土地资源配置，实现了用现代工业理念发展农业，用互联网思维推进农业。同时，通过城乡统筹发展，实现了土地、人口、资本等要素在城乡之间的有序合理流动，促进了城镇化、新农村建设和农业现代化协调发展。

（四）增强了贫困农户农业生产的意愿

随着工业化、城市化的加速，粮食生产成本、劳动力成本和耕地成本不断攀升，农业比较收益不断下降。而另一方面，随着农户非农就业机会的增加，生计来源方式呈现多元化。在经济效益目标驱使下，农户农业生产经营的积极性呈下降趋势，会耕作和愿意耕作的农民人数越来越少，农民老龄化趋势越来越明显。

近年来，为了提高农户生产经营积极性，稳定粮食生产，国家提出了要“增强农业综合生产能力，确保国家粮食生产安全”，并采取了多种措施来提高农户的生产经营积极性。如：粮食直补和农资综合补贴等支农惠农政策的不断加强。但农户对政府种粮补贴政策的满意度仍旧不高，究其原因，主要有以下几个方面：一是中央财政补贴力度有限，不足以激励农户的生产积极性；二是财政补贴政策执行的效力出现偏差，农户只要有耕地就可直接领取，而不管农户是耕作还是抛荒，甚至还有村组虚报耕地面积以套取耕地补贴费；三是耕地生产比较效益低下，补贴不足以弥补种粮成本及劳动力成本的增加。因此，要提高农户农业生产的意愿，单靠补贴是不够的，需要多管齐下。因而，全国现代农业发展规划将“新增千亿亩粮食生产能力建设工程”“旱涝保收高标准基本农田建设工程”列为重点建设工程。土地整治工程的逐步开展，为农户生产提供了完善的农业生产基础设施和丰富的资金、劳动力，农民的生产经营积极性有所提高。

农村公共基础设施严重匮乏或老化是“三农问题”的症结之一，因此应加大投入力度，完善农业基础设施。国土开发则是农业基础设施建设的根本，土地是生存和发展的基础。土地开发整理项目的最终目的是提高土地的生产能力，增加粮食产量。目前我国的土地开发整理主要通过完善灌排，道路系统来实现。

土地整治项目的开展和对细碎化耕地进行的改造，使农业规模化或多样化经营成为可能。例如，水源条件差的耕地，可以统一改造成经济林基地，而低洼田、水浸田则可开发成鱼池基地。国土开发通过对关键技术的运用，完成了对土地的改造，那么贫困农户就可以直接通过国土扶贫享受到红利。贫困农户拥有了优质的土地资源，无疑就是拥有了优质资产，无论是自己耕作经营，还是租赁转包或入股，都能从土地上获得更多的收益。随着土地生产率和农业生产比较效益的提高，农户的农业生产积极性自然将会大大提高。

而且在土地整治过程中，让农民参与土地整治项目，不但保障了农民的知情权、参与权和收益权，同时还增强了农民的参与意识和科学观念，提高了农民的参与能力和自我发展能力。对土地整治项目区农户的调查表明，98%的农户对土地整治项目表示满意，93%的受访者表示土地整治对村内的脏、乱、差治理效果明显，村容村貌得到了较大改善，90%以上农户收入有明显增加。土地整治早已上升为国家层面的战略部署，也是原国土资源部门积极推进行业精准扶贫的重要抓手，对落实国家扶贫开发战略起到了重要的支撑作用。

（五）激励了贫困户增加对农业生产和管理的投入

农户作为家庭的生产单元，是农业生产中的重要主体。农户作为“理性经济人”，在进行生产经营决策时，同样希望追求利润的最大化，对各项农业生产要素的投入也是基于成本—收益分析。

实践表明，通过鼓励、引导农村劳动力参与土地整治工程建设，可增加农民务工收入，参与土地整治的农民人均年收入可增加700余元。如：四川省自2010年开展土地整治以来，项目区近220万群众受益。通过雇用项目区农民参与项目建设，极大地提高了农民的收入水平。再如三峡库区移土培肥土地整治项目总投资的10.7亿元，而当地农民以劳动报酬和青苗损失赔偿方式就获取收入近3亿元。此外，通过土地整治还可提高土地利用率和劳动生产率，促进农民增产增收。农户一旦收入增加，自然会增加对农业生产和管理的投入，以期获得更大的土地报酬。再有，我国的耕地质量总体较差，中低产田占耕地总面积的79%，土壤整体质量偏低，土地整理开发新增加的耕地的肥力更是有限。农户为了提高产量和收益，也愿意采取更多能够改良土壤的技术措施，如灌溉、测土配方施肥等。

（六）促进了贫困地区人地关系的和谐

人地关系，简单说就是人类社会与地理环境的相互关系。在人类社会发展过程中，人类为了满足自身生存和发展的需要，通过不断改造和利用地理环境来增强适应地理环境的能力。同时，地理环境也反过来在不断影响着人类活动。人与地的关系实际上是一种相互依存、相互影响的关系。

土地资源作为最基础的自然资源，人地关系矛盾会随着人类开发利用土地广度和深度的不断延伸而显现出来。这种人地关系矛盾可以概括为“人与地”的矛盾以及“人与人”的矛盾两个方面。一方面，长期以来对自然资源掠夺式的开发，造成了环境的恶化，土地沙化、水土流失、淡水危机、矿产资源枯竭等生态问题频现。而自然环境恶化严重的地区也往往是人地关系严重失调的区域，生活在这类地区的人们由于生存发展变得越来越艰难，又去进一步破坏自然，从而形成一种恶性循环。国土科技开发是缓解人地关系矛盾的一个主要途径，主要从以下几方面促进人地关系的缓和：

1. 解决了粮食安全问题

粮食是人类生存的基础，目前世界范围内仍大范围存在着由粮食生产导致的人地关系矛盾。在人口众多、耕地面积偏少、耕地质量总体偏低的中国，保护耕地数量和质量、确保粮食生产和粮食安全应成为协调人地关系的首要任务。国土整治与开发的前提是保护耕地总量平衡，国土开发的灌溉节水技术、土壤改良技术、遥感技术等的运用，其目的都是提高耕地质量和土地生产率。所以国土科技开发能促进人地关系缓和。

2. 拓展了土地空间

合理有序开发利用包括土地、矿产、水等在内土地资源，严格制止对资源的掠夺式开发经营，是协调人地关系的必要前提条件，同时也是实现经济社会可持续发展的基础。要严格用地指标，合理用地。通过“田、水、路、林、村”综合整治，解决农村建设用地散乱、废弃、闲置、低效利用问题，优化土地利用布局，增加农田面积。据调查，开展废弃、低效农村建设用地整治平均节地率达到40%，有效拓展了城乡发展空间，缓和了人地矛盾。

3. 土地利用更为科学

科学的土地利用规划，是对一定区域未来土地利用的超前性计划和安排、是依据区域经济发展和土地自然历史特性在时空上进行土地资源分配和合理组织土地利用的综合技术经济措施。规划制定需要遵循土地地域分异理论、土地经济规律理论（地租和地价理论、土地区位理论、土地报酬递减理论、规模经济原理）、人地关系理论（人地协调理论）等科学理论，同时要重视土地的保护。以提高耕地质量、助推脱贫攻坚为导向的乌蒙山区幸福美丽新村建设，通过实施土地整理项目，对田、水、路、林、村开展综合整治，建设高标准农田，改善生产生活条件和生态环境，同时实现耕地保有量和基本农田保护面积稳中有增。2014 年，原国土资源部同意乌蒙山区、秦巴山区等符合条件的地区，在优先保障本县域范围内被拆迁农民安置和生产发展用地的前提下，将部分结余指标在省域范围内挂钩使用。四川省在实践中进一步对增减挂钩指标分配进行了优化，为项目申报预留了足够的用地指标，同时还安排了专项扶贫用地指标，用于支持新农村建设和扶贫开发。项目建成后不但可以吸纳大量剩余劳动力，还能带动当地的产业发展和群众脱贫致富。与此同时，土地信息管理系统等国土开发技术在土地利用中的应用为协调人地关系提供了基础。

二、国土开发扶贫的主要经验

（一）通过国土开发扶贫提高贫困农户的土地生产力

当前我国正处于工业化、城镇化快速推进的重要时期，也是国土空间结构调整的重要时期。乌蒙山区通过国土科技开发，促使空间布局进一步优化，土地生产力不断提高。国土科技开发扶贫的过程，既满足了人口增加、人民生活改善、经济发展对国土空间的巨大需求，同时为保障粮食安全而保护了耕地。乌蒙山区通过地质环境保护和开发利用，推动土地生产力进一步提高。乌蒙山区针对地质遗迹和地质环境资源丰富的现状，因地制宜，合理开发利用地质遗迹资源，开展地质公园、矿山公园申报和建设，有效保护乌蒙山区地貌生态环境，促进了贫困地区地质旅游资源开发利用，带动了旅游经济发展，贫困群众收入不断提高。

同时，乌蒙山区在有条件的地方，开展了农村集体建设用地流转，推进城乡建设用地土地增减挂钩、低丘、缓坡、荒滩等未利用地开发利用、工矿废弃地复垦、矿山环境恢复治理等试点。通过以上国土科技开发，土地生产力进一步提高，乌蒙山区贫困群众受益更多，脱贫致富更有保证。

（二）通过国土开发扶贫提升贫困地区粮食安全水平

耕地红线是粮食安全的“大坝”，保护耕地就是保护粮食生产。“十三五”

规划提出：只有先保证了耕地的面积与数量，才能再谈如何利用耕地，提高粮食产量，要守住、管好天下粮仓。

乌蒙山区实行严格的耕地保护制度，依法依规做好耕地占补平衡，规范有序推进农村土地流转，坚持土地公有制性质不改变、耕地红线不突破、农民利益不受损三条底线，在试点基础上有序推进。通过提高耕地质量和土地生产力、科学的土地休耕等多种耕地保护与养护措施，轮流反复地休耕，最终实现了乌蒙山区未来耕地资源的可持续利用，提高了耕地质量和土地生产力，实现了粮食稳产、高产。通过国土科技开发实现藏粮于地，提升国家粮食安全水平。

（三）通过国土开发扶贫增加贫困农户的发展资源

乌蒙山区 38 个县（市、区）作为高标准基本农田建设示范县，通过大力开展土地综合整治，改善了贫困乡村生态环境、农民居住条件和农村基础设施不断改善，贫困农户的发展资源不断增加，发展能力进一步增强。通过土地整治，进一步加强了农村道路和水利基础设施建设，农民田间耕作条件进一步优化，货物需人背马驮的状况大为改善，农作物生产成本进一步降低，为贫困村生产生活条件的改善，产业的规模化发展奠定基础。同时，通过国土科技开发，土地碎片化问题得到有效缓解，有利于规模化发展特色优势产业，有力提升贫困农户自我发展能力和扶贫“造血”功能。通过实施坡改梯，实现机耕作业，贫困农户发展能力不断增强。

另外，近年来乌蒙山区地震、泥石流、山体滑坡等地质灾害频发，通过加强地质灾害防治工作指导，支持地质灾害治理工程项目和地质灾害防治四个体系建设，对于维护乌蒙山区贫困群众生命财产安全，减少因灾致贫、返贫起到了重要作用，增强了贫困农户的发展能力。

第二节　国土开发扶贫的模式

党的十八大之后，我国政府和社会各界开展了轰轰烈烈的脱贫攻坚活动。通过精准扶贫，全国各地探索创造了一系列扶贫模式。2018 年，由人民日报社人民论坛杂志社组织发起，依托人民智库开发设计的精准扶贫评价指标，对全国各地、各行业扶贫经验（分政府与企业两个类别，每个类别候选单位 150 家）进行了深入研究。经过一线调研、科学测评与专家评审，最终评选出了“中国精准扶贫 20 佳典型经验”，分为政府类和企业类两类，包括了各种扶贫类型。如：贵州省六盘水市的“三变”农业经营新模式、湖南省花垣县的十八洞村精准脱贫模式、广西壮族自治区东兰县的特色品牌扶贫模式、中国农业银行的“政府增信＋银政共管”扶贫模式、交通银行的特色金融扶贫模式、京东集团的“互联网＋扶贫”模式、碧桂园集团的教育扶贫模式等。

自然资源部长期挂钩并协调乌蒙山区的精准扶贫工作，通过发挥自身特长，创造了具有自身部门特点的精准扶贫模式，具体模式如下：

一、模式1：国土开发促进耕地增产增值，实现以地脱贫

（一）模式内涵

通过土地整治，将原来的坡地改为梯田，将原来的台地改为平地，提高了耕地质量，增加了农作物产量。通过修建机耕道路，田间交通条件得到改善，耕作成本明显下降，肥料运送及时足量，农作物增产得到保障。田间配套小水窖，保障了灌溉用水，提高了抗灾能力，增加了农作物产量。这“一降一增”，大大提高了农业生产的效益，实现了农业增产、增收，帮助建档立卡户实现了脱贫（图5－1）。

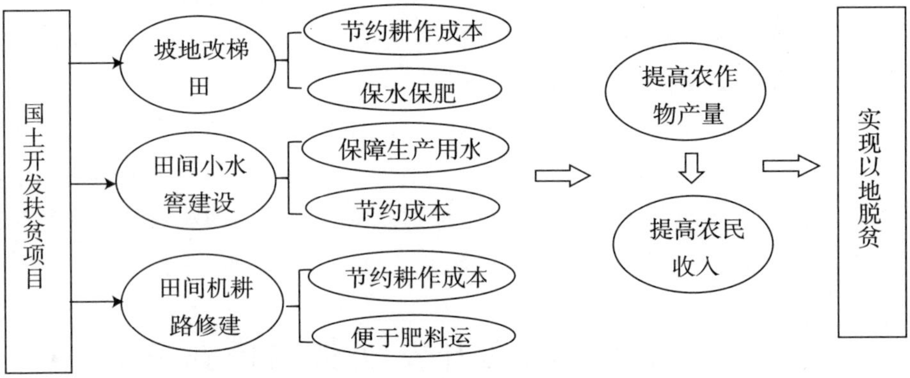

图5－1

（二）案例：云南省寻甸县金所街道小多姑社区

1. 小多姑社区概况

小多姑社区隶属寻甸回族彝族自治县金所街道，是全县唯一一个纯彝族社

区。地处金所乡西北部，距金所乡政府所在地 15 千米，距县城 24 千米。东邻金所乡竹沟、张所村委会，南邻金所乡泽铁村委会，西邻金所乡清海村委会，北邻金所乡摆宰村委会。全村地势落差大，水利基础设施薄弱，稳产高产、旱涝保收田地的面积小，抗灾能力差，旱灾、洪灾、泥石流等灾害时有发生。

全村国土面积 19.3 平方千米，海拔 2300 米，年平均气温 13.4℃，年降水量 1116 毫米，适合种植马铃薯、油菜等农作物。全村耕地面积 4191 亩，人均耕地 3.3 亩，林地 5344.5 亩。辖大村、小村两个自然村，3 个村民小组。现有农户 351 户，总人口 1402 人，全部为彝族。其中有建档立卡贫困人口 289 户 833 人，2015 年人均有粮 180 公斤，人均纯收入 2250 元。截至本研究开展时，已经脱贫 278 户 802 人，未脱贫建档立卡贫困人口还有 11 户 31 人（见表 5－1）。

表 5－1　小多姑村经济社会情况统计表

总人口（人）	劳动力（人）	耕地面积（亩）	人均耕地（亩）	经济总收入（万元）	农民人均纯收入（元）
1402	878	4191	3.3	347	1395

2. 国土开发内容

昆明市寻甸县仁德街道小多姑村土地整治项目（一期）位于寻甸县仁德街道办事处西北部的小多姑村，地理坐标为：东经 103°07′41″～103°10′20″，北纬 25°36′46″～25°38′25″。项目区东至水沟村与小多姑村的村界，西至清水海水源保护区边界，南至老山箐，北至老格莫村与小多姑村的村界。地处麦冲坡头村以北马场村的丘陵缓坡地带，海拔高度在 2093m～2570m 之间，地貌类型为丘陵。地形坡度在 6°～25°之间，局部区域大于 25°，平均地形坡度 12°左右。项目区总体地势西北高，东南低，区内局部地形起伏较大。

本项目属于中央及省财政共同投资中低产田改造项目。项目建设规模 386.7903 公顷，总新增耕地 12.1641 公顷，耕地新增率 3.14%。

项目总投资预算 1561.24 万元，单位面积投资 4.04 万元/公顷（2690.93 元/亩）。不计其他工程施工费的情况下，单位面积投资 3.39 万元/公顷（2259.37 元/亩）。其中工程施工费 1326.10 万元，其他费用 189.67 万元，不可预见费 45.47 万元。

项目建设内容包括土地平整工程、灌溉与排水工程、田间道路工程和其他工程 4 项单项工程，内容如下：

（1）平整工程

土地平整工程采用坡改梯的方式平整，土地平整面积为 329.6119 公顷（5889.18 亩）。

（2）灌溉与排水工程

水池：共 11 个，容积均为 100 立方米/个；水窖：共 126 个，其中，容积为 25 立方米/个；集水塘：共 1 座，面积为 1300 平方米；截水沟：共 5 条，总长 3455 米；路边沟：共 20 条，总长 26574m；阀门井：共 23 个；涵：共 57 个，其中：圆管涵 41 个，盖板涵 16 个。

图 5－2　小多姑村水窖

（3）田间道路工程

新建田间道：共 1 条，总长 940 米；改建田间道：共 10 条，总长 18097 米；新建生产路：共 8 条，总长 6807 米；改建生产路：共 1 条，总长 730 米；道路挡墙：共 7 段，总长 8.7 米；错车道：共 63 个；农桥：共 3 座。

（4）其他工程

村民活动场地平整，平整面积 720 平方米，挡墙支砌 135.42 立方米；村庄道路：总长 3875 米，其中，主干道 2 条，总长 1675 米；道路挡墙 2 段，总长 265 米；进户路 16 条，总长 2200 米。

3. 通过国土开发实现耕地增产增值的脱贫路径

（1）提供了大面积的优质耕地，粮食亩产增加 10 倍。针对田块破碎、大小不一、高低不平，以及区内田间道路高低不平、宽度不够且贯通性较差的农田生产、田间运输存在的问题，寻甸县国土局通过地块整合、土地平整、小型农田水利设施建设、田间道路修整、农田防护与生态环境保持工程完善等措施，对田、水、路、林、村等进行综合整治，优化了农民田间耕作条件。货物需人背马驮的状况大为改善，降低了农作物生产成本，增加了农民收入。通过土地开发，高效集约的土地利用结构逐步形成，为脱贫攻坚提供了强有力的保障。

项目实施后新增耕地 20. 4950 公顷（307. 43 亩），耕地新增率 3. 02%。土地经整理后平整开阔，利于耕作，土地利用率大幅度提高。项目实施前，粮食亩产量仅为 50 千克/亩，项目实施后，亩产高达 550 千克/亩，较实施前增加 10 倍。

（2）坡改梯工程的实施使抗御旱涝等自然灾害的能力提升。通过在小多姑村实施坡改工程，进行土地平整，大大减少水流对坡面的冲刷，降低土壤侵蚀模数，减缓因土壤侵蚀等因素导致的耕地质量退化，有效防治水土流失，大大增强抗御旱涝等自然灾害的能力。项目实施后，土地垦殖率和绿色植被覆盖率均有所提高，项目区水、肥条件得到改善，项目区灌溉合理，排水通畅，土壤有机质含量提高，土壤的“三保”能力和农田生态系统物能循环效率大幅提升，区内生态环境得到明显改善，生态效益显著。

（3）新技术的使用使土壤抗灾减灾能力增强。小多姑村使用了梯田集雨灌溉系统和生态网格隔离梯田技术，对于蓄水、梯田保护和减少水土流失起到了积极作用。梯田集雨灌溉系统包括窖坎、溢水管、输水管、输水管阀门、蓄水池、水泵和引水管。多级窖坎依梯田建形成阶梯结构，各级窖坎上部均通过溢水管与输水管连通。输水管上与每根溢水管连接处的下面设置阀门。输水管连通到设在系统最底部的蓄水池，蓄水池连接水泵，水泵通过引水管与最顶部的窖坎连通，形成了雨水高效集蓄、各级梯田间雨水优化调配和循环使用的系统。窖坎设置在梯田外侧，主要在水源条件较差的退化低效坡耕地区域修建，能最大限度地收集雨水，并且灌溉方便，便于布置取水管、排沙口和输水管网。集蓄雨水可在不同级梯田间调节使用，提高了雨水利用效率。高效积蓄地表径流、有效提高设施利用率、减少占地，最终实现水土资源耦合的目标。生态网格隔离梯田的使用解决了土壤流失严重、土壤涵蓄水分能力低、生态环境敏感脆弱、抗干扰能力低的问题，达到了保水保土的效果。

图 5－3　小多姑村良好的生态环境

（4）农作物品种向经济价值更高的蔬菜、车厘子等特色种植转变，农户增收明显。小多姑村原有土地高低不平，落差大，有水田、旱地和山地等，主要种植包谷、土豆等经济价值较低的农作物。通过土地开发和农田整治，项目区地平整、路相通、渠相连，土地面积增加，土地生产力提高，规模经营和机械化生产条件提升，为农业产业转型升级奠定了基础。修建了大水池，解决了人畜饮水安全和农业用水问题。种植的农作物由原来的包谷、旱稻转为蔬菜、车厘子等经济价值更高的农作物，有力促进了农民增收。通过土地整治项目，达到实施一项工程，培育一个项目，带动一个产业，富裕一方百姓的良好效果。走出一条通过土地开发，实现农业转型升级，助力脱贫攻坚的新路子。

图 5－4　小多姑村的菜豌豆种植

图 5－5　小多姑村栽种的车厘子果树

4. 国土开发实现脱贫的成效

（1）贫困户收入大幅提高。项目的实施提高了项目区土地利用率，增加了有效耕地面积，保障了全县耕地总量的动态平衡，推动了农村经济发展，增加了就业机会和农民收入。项目实施后，由于耕作条件不断改善，粮食亩产量达680千克/亩（两季），年总产值722.42万元，年新增净产值154.76万元，新增粮食产能46.58吨，约1402人受益，农民人均纯收入年均增长1000元。

通过综合整治，土地利用结构得到优化，集约化程度明显提高，耕地面积有所增加，耕地面积达310.5174公顷，新增耕地面积13.0047公顷，新增耕地率为3.36%。整治后的耕地规划为水田和水浇地，产出率和农业生产综合能力得到明显提高。

图5-6　小多姑村土地整治项目

（2）居住环境和休闲娱乐环境大为改善。小多姑村寨距离寻甸县城不到20千米，距离昆明市区不到100千米，但这里却相对封闭，村寨世代居住着彝族村民。村民们交流时，多数只能用彝语，村里也很少有人愿意外出打工。他们依靠祖辈留传下来的土地和劳作方式，广种薄收。小多姑村的所有村民户都属于贫困家庭。几年前，村民们几乎都还住着土坯房屋。

小多姑村把土地整治与新农村建设相结合，开展田、水、路、林、村综合整治，充分挖掘农村非农用地潜力，优化用地布局，促进农村基础设施建设、农村住房建设和危房改造。规划农村居民点建设，硬化村内道路、改建污水沟、厕所、修建沼气池集中收集处理垃圾和人畜粪便、使用沼气等新型能源，使农村生活环境不断提高，脏、乱、差的面貌大为改善，为实现“村容整洁”提供保障。小多姑村的马车可以在平坦的水泥路上奔驰，村民接送孩子比任何时候都要方便。夜晚，村民能在明亮的路灯下行走。

小多姑村通过投入农户自筹资金1.5万元，以及国土部门等各部门的建设资金进行建设，全村99户农户已完成宜居农房建设，土坯房逐渐变成了一栋栋现代洋房。目前，整个村庄村容村貌焕然一新，群众生活质量极大提高。全村房屋错落有致，青砖蓝瓦相映成辉，格调鲜明突出，道路宽敞整洁，群众出行方便。文化活动室、小广场成了群众业余时间最好的去处。一到傍晚，群众自发组织到活动室开展民族歌舞活动，计划下一步将建设一个斗牛场，进一步丰富群众的文化娱乐生活。

图5-7　小多姑村旧貌

图 5－8　如今的小多姑村

图 5－9　小多姑村广场

（3）生态环境不断优化。小多姑村将土地整理活动与保护和改善生态环境相统一。在提高水利用率的同时，规范水流途径，减少水流对地表的冲刷，降低土壤侵蚀模数，减缓因土壤侵蚀等因素导致的耕地退化，进一步提高耕地的保水、保土、保肥能力，根治项目区排灌沟渠不配套造成的局部水土流失状况。农田生态系统物能循环效率不断提高，全村生态环境优化，站在小多姑村的观景台放眼望去。该项目实施有着显著的经济效益、生态效益和社会效益。

图 5－10　风景如画的小多姑村

（4）全村人际关系和谐，幸福指数提高。土地整治项目实施后，通过合理、合法的土地权属调整，明细了土地关系，减少了土地利用过程中可能引起的土地权属纠纷，保证了小多姑村的社会稳定与和谐。随着农户收入水平的提高和生产生活条件的极大改善，村民喝酒、打架，不愿意与外界交流的现象已不复存在。近年来，很多青壮年开始外出务工，在小多姑村的田间地头经常可见农资收购的车辆来回穿梭，部分农户开始跑起了运输业务，收入较以前大幅增加。前几年，由于贫穷，小多姑村生活条件简陋，外村的女子几乎都不愿意嫁到小多姑村。随着小多姑村生活质量的提高，附近村庄例如大多姑村的年轻女子也愿意和小多姑村的男子结婚，村民的幸福指数提高。村民之间有红白喜事相互帮忙，村民关系团结、和谐。

二、模式2：国土开发促进农业转型升级，实现持续脱贫

（一）模式内涵

国土开发通过坡地改梯地、机耕道路修建、田间灌溉设施建设，改善了耕作条件，降低了耕作成本，提升了耕地质量。外来资本和专业大户进入农村租地，提高了耕地租金，关键是种地的投入和农产品营销的风险从农户转移到了外来专业户。农户在不承担农业投入的基础上，还可以获得外出打工的时间、本地打工的机会以及逐步提高的土地租金，实现了农业转型升级脱贫（图示如下）。

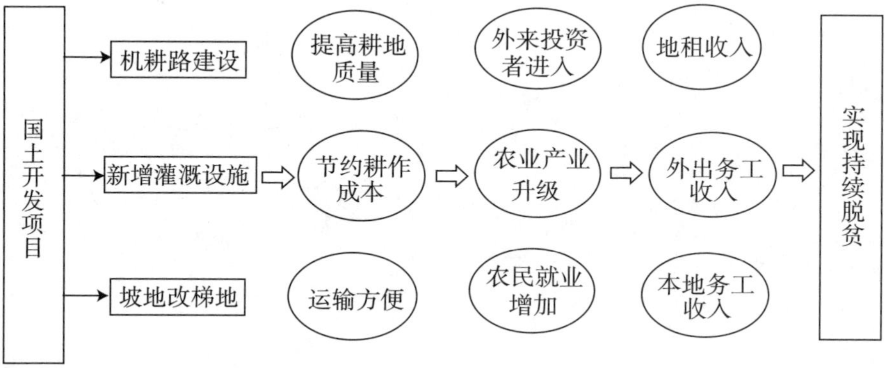

图5－11

（二）案例：云南省寻甸县金所街道泽铁社区泽铁自然村

1. 泽铁自然村基本情况

泽铁自然村隶属泽铁社区，东邻寻甸县仁德镇，南邻羊街镇花菁哨，西邻金所乡清海村委会，北邻金所乡金所村委会。泽铁村属于半山区，是个纯苗族村，距离寻甸县特色产业园区管委会4千米，海拔2038米，年平均气温13.4℃，年降水量1116毫米。现有农户108户376人，劳动力208人，是一个纯苗族村寨。全村人均年收入仅3950元，在泽铁村委会11个村中人均年收入是最低的，较泽铁村委会人均年收入最高的老渡河村低1000元，贫困程度较深。

全村国土面积共计 1. 58 平方千米。耕地总面积 341 亩（其中，水田 104 亩，旱地 237 亩），人均耕地 1. 03 亩，主要种植玉米、烤烟等作物；拥有林地 1183. 5 亩，其中，经济林果地 37 亩，人均经济林果地 0. 11 亩，主要种植梨、板栗等经济林果；荒山荒地 76 亩，其他土地 763. 5 亩。农村土地承包面积 221. 07 亩。

2. 土地整治项目实施内容

2017 年，泽铁村土地整治项目进场，建设规模 8273. 44 亩，项目总投资为 2311. 19 万元，其中，工程施工费 1978. 22 万元。项目建设主要有三大内容：土地平整工程、灌溉与排水工程、田间道路工程。

项目实施后，粮食亩产量可达 550 千克/亩，较实施前增加 50 千克/亩，年总产值 1244. 11 万元，年新增净产值 219. 09 万元，项目区人均纯收入增加 822. 03 元，新增就业人数 517 人。

（1）土地平整工程。土地平整工程施工费 313. 16 万元，平整面积 419. 50 公顷（6292. 50 亩），土方工程量 46. 52 万立方米，垒埂方量 1. 64 万立方米，表土剥离 125. 85 万立方米。

（2）灌溉与排水工程。灌溉与排水工程施工费 701. 28 万元，项目包含 100 立方米水池 6 座，25 立方米水窖 101 座，斗渠 2. 99 千米，斗沟 3. 72 千米，农渠 13. 28 千米，农沟 3. 55 千米。

（3）田间道路工程。田间道路工程施工费 963. 78 万元，包含田间道 29. 91 千米，其中，新建田间道 8. 92 千米，改建田间道 20. 99 千米；生产路 4. 88 千米，其中，新建生产路 1. 91 千米，改建生产路 2. 97 千米，进户路 1. 24 千米。

3. 国土开发实现农业产业转型升级脱贫的路径

（1）土地租金大幅提高，贫困户收入增收明显。土地整治项目实施前，泽铁村土地分散、碎片化，给农户的生产经营带来诸多不便，不利于农机、农具、农业技术的推广，阻碍了农业集约化经营。土地整治项目实施后，全村土地平整，农田水利等基础设施完善，建成了一大批旱涝保收、集中连片的高标准农田，吸引大批种植大户和企业入驻开展土地流转。租金从原来的 800 元/亩提高到 1400 元/亩，贫困农户收入大幅提高，脱贫步伐进一步加快。泽铁村通过农村土地流转实现了土地有序流动，把分散化的小块土地向大户、农业企业聚集，进而再把细碎化的地块连接成片，有利于整修水利、购买农机，方便机械化作业，提高了土地产出效益。

（2）国土开发实现地租和本地务工收入双丰收。通过泽铁村土地整治项目的实施，项目区形成了土地平整、路渠成行、灌溉分开，便于机械操作，具备规模经营条件的高效农田，土地利用效率大大提高。这一举措吸引了外地或者本地的龙头企业或种植大户来当地流转土地，推动土地流转价格的上涨，贫困农户增收效果明显。

农民将土地流转出去后，由于当地工业园区的先锋煤矿和南磷集团等企业，积极吸纳本地村民就业，使得农户在本地实现非农产业就业，农户工资性收入增加。另外，龙头企业或农业园区通过流转贫困户的土地并吸纳贫困户务工，增加贫困户财产性收入和工资性收入，实现“一块土地两份收入”。贫困户通过替承包者打工，实现种自己的地、收他人的租、赚别人的钱，有效增加了收入来源。种地的收入和农产品营销的风险从农户转移到了外来专业户。农户在不承担农业投入的基础上，获得打工收入和土地租金双份收入，实现了离地脱贫。

通过土地流转，农业生产由流转前的几亩耕地种植扩大到上百亩甚至是上千亩的种植，实现了规模经营，使得土地作为一种生产要素得到合理流动，促使地区产业布局逐渐合理。土地流转出去的农户在本地务工，一定程度上减少了农村的隐蔽性失业问题，缓解了农村“空心村”状况，使得农村的土地、劳动力、资金等资源得到合理的配置，促进农村经济的发展。

图 5－12　泽铁村土地整治后的土地

（3）国土开发加速土地流转，贫困户外出务工收入增加。泽铁村将整治后的土地的权属分配给原来的农户。在尊重农民意愿的前提下，政府引入龙头企业整体流转或由大户承包集中经营，产生了百亩以上的种养殖大户近百家。土地流转用于栽种生菜、大白菜、三七等，租金收入由原来的800元/亩提高到1400元/亩，每户平均增收1471元。租地后村民外出到昆明等地务工，每月工资4000元左右，外出打工收入成了重要的收入来源。

4. 国土开发实现脱贫的成效

（1）建档立卡户全部脱贫。2014年，泽铁村有建档立卡户90户352人，人均纯收入仅2524元，是寻甸县最穷的村落。土地开发项目实施后，粮食总产值为1244.11万元，年新增净产值219.09万元，农民人均纯收入由2524元增加至3346.03元，人均纯收入增加822.03元，新增就业人数517人，建档立卡户全部脱贫，脱贫效果明显。

（2）人居环境极大改善。泽铁村是一个纯苗族村，属寻甸县最贫穷的少数民族村委会，一直以来经济社会发展滞后，村里群众的居住和生活条件很是艰苦，许多群众过着人畜混居的日子。村庄道路是泥巴路，往往是晴天一身灰，雨天一身泥有的村民甚至常年生活在粪水和泥水里。通过土地开发整理，对村庄进户路进行了整治，原来的泥巴路变成了水泥路。原本一片破烂的"叉叉"房和土墙房变成了小洋楼。人居环境极大改善，生活质量不断提高。

图5－13　泽铁村旧貌

图 5－14　建设中的泽铁村

图 5－15　焕然一新的泽铁村 1

图5－16　焕然一新的泽铁村

三、模式3：通过区域自然生态、人文资源综合最优配置实现全面脱贫

（一）模式内涵

乌蒙山区的贫困地区普遍存在富集的自然、人文资源与滞后的经济、科教水平这一矛盾，要形成乌蒙山区“造血式”脱贫的经济生态，需要综合施策。这一国土扶贫模式主要以国土资源的政策红利、项目成果和技术创新为牵引，为精准扶贫提供源源不断的动力。通过土地整治改善耕地质量，完善基础设施，发展特色农业。通过地质勘查、土地质量地球化学调查等国土项目的实施，摸清区域内的自然生态资源情况，查明了土壤成分和各元素分布、富存情况，制定了土地质量数据查询系统，为改良土壤质量、发展现代农业及旅游业等相关产业提供了国土资源科技支撑。在此基础上，深入挖掘当地的人文资

源，实现自然资源与人文资源的最优配置，将资源优势转化为经济优势，实现产业结构优化，加快三产融合发展的步伐，激活各方内生动力，形成从“外部输血”到“自身造血”再到“向外献血”的良性循环，为实现全面脱贫，繁荣农村开辟新渠道。

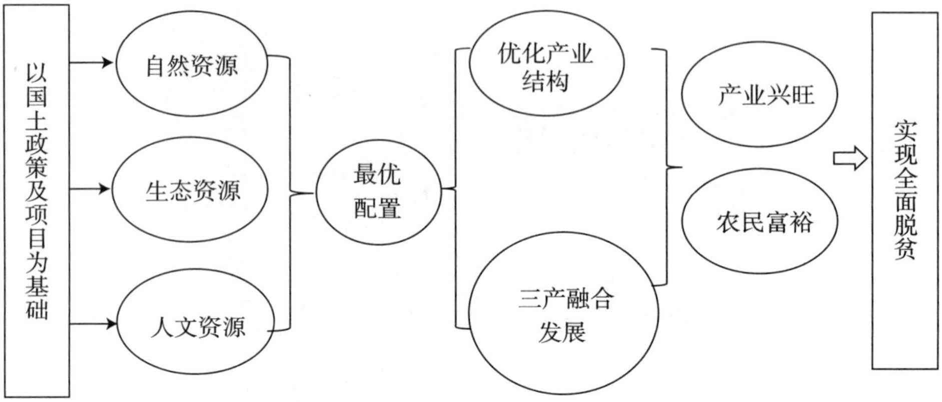

图 5－17

（二）案例：云南省昭通市昭阳区永丰镇多措并举促脱贫

1. 昭通市概况

昭通市是乌蒙山云南片区贫困人口最多的地区，其中 10 个县都是贫困县，贫困人口总数居全省第一位，贫困面广、贫困程度深，区域整体性贫困特别突出。区位优越与交通发展滞后、生态富集与产业弱小、“输血”不足与“造血”缺失三个并存一直是乌蒙山片区昭通地区贫困的现实写照，可以说昭通市是乌蒙山云南片区扶贫的主战场。

昭阳区作为昭通市的城市中心所在地，截至 2015 年底，区内 80 多万人口中仍有建档立卡贫困户 46124 户 158805 人，遍及全区 11 个贫困乡镇，90 个贫困村。为确保到 2020 年实现全面小康的目标，昭阳区在脱贫攻坚中围绕美丽乡村建设，分年度制定了脱贫攻坚重点实施方案和步骤，把易地扶贫搬迁、美丽宜居乡村建设、农村危房改造和抗震安居工程建设纳入全区脱贫攻坚的“总盘子”统筹谋划，并按照“试点先行、全面推开”的要求，集中投入，配套完善，逐村、连片整体推进，精准发力，示范引领，扎实推进脱贫攻坚进程。昭阳区坚持因地制宜、因村施策、因人而异，根据各村（社区）地理区位、资源禀赋、发展基础，以市场为导向，盘清家底，盘活资源，盘出思路，结合脱贫攻坚、乡村振兴、大力发展苹果、葡萄、肉牛等产业，着力推进劳务输出，脱贫攻坚取得明显成效。2017 年，全镇经济社会各项事业、各个领域均取得了较好的成绩，保持了经济发展、民族团结、社会和谐的良好局面，生产总值实现 4.312 亿元，人均可支配收入达 9611.2 元。

2. 主要做法

（1）加快土地流转，大力发展苹果特色产业。永丰镇狠抓土地流转，改变长期以来以种植烤烟为主的产业结构。依托苹果产业示范园，吸收群众入园，探索建立了“公司 + 基地 + 农民合作社”的经济发展模式，带领群众脱贫致富。昭通海升现代农业有限公司在永丰镇新民村建成矮化密植现代苹果示范园区 1 万亩，成为昭通昭阳现代苹果产业扶贫示范项目。当地农户和建档立卡贫困户大多都将土地流转给海升公司，户均土地流转收入超过 4000 元。同时，流转土地的农户就地在苹果种植基地打工，又能收获一份收入，逐步实现了脱贫。2018 年 2 月，由昭阳区农业投资发展有限公司与昭通海升现代农业有限公司采取股权合作的方式共同投资成立的昭通超越农业有限公司正式入驻永丰镇。

依托苹果产业示范园，新民社区党总支还牵头成立昭阳区百涛种植农民专业合作社，带动周边的 182 户建档立卡贫困户和 700 余户群众种植苹果 3000 余亩，建立的连片“万亩苹果园”。同时，组织建档立卡贫困户和涉及土地流转的农户加入合作社，进入果园务工。万亩苹果园的建成，推动了苹果的规模化、标准化、专业化生产，改变了长期以来以传统种植业为主的模式，实现了产业转型升级。目前，长期在苹果示范园务工的 1300 余名群众，年人均务工收入达 1.6 万元以上，带动了 106 户贫困群众稳定脱贫。此外，周边群众还通过种植托管、行间种草、生态养殖等方式在苹果产业示范园务工，进一步增加周边群众的收入。

该项目还将配套建成 2 万吨苹果保鲜气调库、苹果分选包装线，可吸纳解决 300 人就业，农民务工年收入将达 14000 元。三年初步实现丰产后，昭阳区农投公司将按持股 30% 进行分红，将分红全部投入脱贫攻坚工作，为精准脱贫提供一份坚强的经济支撑。整个产业链可帮扶 1380 个贫困家庭，5520 人实现稳定脱贫。

（2）结合易地搬迁安置点建设，壮大集体经济。永丰镇新民社区积极探索“1 + N”的模式，整合财政、扶贫、社会资金和闲置资产等，一个社区发展N个集体经济项目，实现多项集体经济收益，助推了脱贫攻坚，让新民社区焕发出新的生机与活力。新民社区党总支紧紧抓住上级投资3.2亿元建设易地扶贫搬迁安置点和引资8730万元建设苹果示范园的有利时机，积极争取扶持集体经济发展资金740万元，通过入股超越公司、建设停车场和出租门面等多渠道发展集体经济。一是出租社区活动场所空余门面140平方米实现年租金3.2万元；二是利用上级部门投入产业扶贫资金100万元，与海边、绿荫2个社区共同入股超越公司，新民社区每年可分红3万元，第一年以后每3年再递增0.5万元；三是依托建设易地扶贫搬迁安置点，投入640万元规划建设绿化广场和配套停车位1000个，每年可实现收益40万元以上。按照“四议两公开”程序，决定将集体经济收益的30%用于基础设施建设、社区环境整治等，20%用于助老助学助困等公益事业，20%用于补贴社区干部待遇和办公经费，30%作为集体经济发展基金和风险金。

（3）强化土地整治，优化产业结构。昭阳区永丰镇三甲村以前有大量水田，质量较差，产量低、产值少。村“三委”因地制宜，科学决策，调整产业结构，积极组织群众将水田改为旱地，把传统种植的水稻改为经济价值更高的红玫瑰葡萄。原来种水稻的话，每亩也就500公斤左右的产量，收入也就一两千元。现在种葡萄，每亩一年收入可达4万元左右。三甲村红玫瑰葡萄已经形成了规模化、产业化发展模式，带动了当地百余户群众增收致富。

此外，昭阳区永丰镇还大力发展蓝莓种植。秋甸蓝莓庄园种植的500亩蓝莓已进入盛果期。4月中旬以来，秋甸蓝莓陆续成熟上市，以每市斤80至100元的价格远销到成都、重庆、北京、上海、昆明等地，带动了一方百姓致富。目前蓝莓庄园规模已达到1000余亩，经常在园区务工的人员达到了50余人，高峰时达100多人。庄园中除种植了500亩蓝莓外，还种植有苹果、桃子、李子、草莓等水果和玫瑰、薰衣草等观赏花卉，已发展成为一个集种植、旅游观光、餐饮、休闲娱乐为一体的现代化休闲农业庄园。庄园雅致、美丽的环境，吸引了很多市民前去游玩。蓝莓上市期间，市民还可以去蓝莓园里采摘蓝莓，体验采摘的乐趣和劳动的快乐。为带动群众共同致富，在镇、村干部的支持下，秋甸蓝莓庄园还注册成立了昭通秋甸农业种植有限公司，带领群众成立了果途水果种植专业合作社。已有5户群众加入合作社，种植蓝莓、草莓100余亩。由于有公司提供优质种苗和技术指导，群众种植的蓝莓、草莓获得了较好的收成。

（4）优化配置自然及人文资源，加快三产融合发展步伐。永丰镇的昭通枭龙生态都市庄园紧邻昭鲁快捷通道，是由昭通枭龙实业有限公司全资新建的一个以山林、田园、湖泊、溪流、水库等自然景观资源为依托，以农、林、牧、渔等特色农业生产、加工、经营为基础，以乡土文化、农作生产、农村生活为主题，集农业种养殖、农产品加工、休闲度假、康体养生、农耕体验、科教培训于一体的大型生态农业观光项目。项目总占地面积 13636 亩，建设区域 3600 亩，总投资超过 2.5 亿元。项目的实施在对三产融合发展做出有益探索的同时，将有效拉动所在地的产业发展。该镇有近 700 亩的“水汪田”以前都是不能种植的，而枭龙生态都市农庄的建设，可以充分利用这部分土地，盘活了土地资源。同时，庄园还设计了一个民俗体验项目，可以把周边符合条件的农户聚集起来，然后再进行统一的规划、管理、培训和经营，满足了游客体验农村生活的不同需求，同时也带动了周边的农户就业和致富。

同时，永丰镇绿荫村的绿荫塘还保留着近代祠堂和家宅建筑的优秀代表作——龙氏家祠。祠堂建于 1930—1933 年，系民国时期云南省主席龙云祭祖修建的祠堂。龙氏家祠是典型的近代家祠，保存较为完整，是研究近代宗法制度、祠堂建筑和云南民风民俗的重要实物例证，也是昭通较为珍贵的人文资源。永丰镇绿荫村距离昭阳区不足 10 千米，具有良好的区位条件。绿荫村除了有着深厚的人文资源外，目前已建成了 3600 余亩的荷花风景区。该项目规划面积 9.5 平方千米，是集莲藕种植、观光休闲为一体的城郊生态观光农业项目。每逢夏季，荷花竞相绽放，荷香浓郁醉人。除了赏荷钓鱼外，游客还可漫步稻田田埂，手摸绿色稻苗，眼看蝴蝶飞舞，把自己完全置身于红花绿叶间，别有一番惬意在心头。该村正逐步建成旅游度假区。

第六章 完善乌蒙山区“国土开发扶贫”的机制与政策建议

第一节 乌蒙山区国土开发扶贫存在的问题

一、农民经营农业意识和愿望出现下降的趋势

乌蒙山区耕地分散不连片，土地细碎化，分散式的小农经营导致单位面积产出低，生产效率极其低下，农民经营农村土地的积极性普遍下降，严重阻碍了农业的现代化，土地资源的规模效益无法充分发挥出来。分散的耕地同时也阻碍农业技术的改良。在小片土地上经营农业，现代化的农业机械无法派上用场，有些更小的土地甚至连耕牛都使用不上，农民们要赤手赤足在田里劳作，农业束缚住大量人口，单位农田有增长无发展，陷入“农业的内卷化”。

随着城镇化和工业化的发展，乌蒙山区耕地面积不断萎缩，耕地土壤质量不断下降，大量农村劳动力向城市（镇）转移，致使农村土地撂荒严重，耕地利用率和产出率显著滑坡。一些耕地因为地形地势不好的原因被抛荒，造成农村土地没有被充分利用起来，未成为农业增效、农民增收的工具。

同时，片区内土地开发利用方式落后，顺坡垦殖、陡坡毁林种粮等广种薄收的种植方式依然普遍存在，水土流失规模不断扩大，造成越穷越垦，越垦越穷的恶性循环。以乌蒙山贵州片区为例，该片区属于典型的喀斯特地貌区，可溶性碳酸盐岩出露面积达到63.01%，水土流失问题严重，石漠化问题普遍存在。水土流失和石漠化致使土地生产力衰退，生态环境破坏严重，脆弱的生态环境减弱了抵御自然灾害的能力，农业生产效率低下。

二、土地利用与经营的成本提升较快

乌蒙山区农村土地流转和集约化经营呈现零星、分散式的特点，经营面积

较小。受自然条件限制，丘陵山区土地不适合大型农耕机械操作。由于地势复杂，坡、沟、岗相互交错，同平地相比，小型农机的耕种效率相对较低，耕种成本高。

土地成本的提高也是推动乌蒙山区耕地集约化、规模化经营成本上涨的重要因素之一。土地成本主要包括土地流转租金和自营地折租。土地成本的提高主要是由于城市化和工业化发展拉动了土地需求，耕地数量逐年下降。同时，自从土地流转政策推行以来，大量资本流入农业领域，有的是为了拿到项目，有的是为了政府补贴，有的甚至囤积居奇，土地租金价格被哄抬，有价无市加大了成本。

近年来，农业雇工价格大幅度提高，直接推动人工成本上涨。大量农村劳动力转移到城市（镇）和从事非农产业，特别是农村青壮劳力大多离开农村进城务工，导致实际居住人口老龄化，农村劳动力严重匮乏，农业生产用工成本大幅度增加，导致耕地集约规模化经营成本升高。据统计，三种粮食作物的人工成本占总成本的比重由30%提高到35%，经济作物中的比重由50%提高到55%。

三、土地开发的计划性与土地经营的市场化存在矛盾

乌蒙山区由于耕地分散，小规模经营收入少，经营者增加物质技术投入的积极性较低。片区耕地后备资源不足，不可能完全依靠扩大种植面积来增加农产品的有效供给。因此，土地规模经营是发展集约经营、转变农业增长方式的重要手段。可以使耕地适当集中，根据耕地资源条件、社会经济条件、物质技术装备条件及政治历史条件的状况，确定一定的农业经营规模，这有利于提高农业的劳动生产率、土地产出率和农产品商品率。耕地规模经营，要求经营者按照市场需求，调整种植结构，提高产品质量，种植效益可观的产品，这对于加速农业和农村经济的市场化进程将起到十分重要的推动作用。

然而，土地开发项目往往由上级部门编制规划，针对建设用地总量、耕地保护量、基本农田保护面积制定一些指令性的计划指标，然后层层分解，下达到基层，按照这些计划指标来划定土地用途区。下达的建设用地规划、指标往往与地方经济发展需要脱节，耕地规模经营的市场化与土地开发项目的计划性存在矛盾和冲突。

四、新型经营主体的土地经营短期行为突出

由于农业投资回收期长、见效慢、效益低，新型经营主体缺乏对土地长期投入的动力和信心。他们即使有一定投入，也只关心近期经济效益，而不注重长期的目标，导致机械化水平下降，土地基础设施老化以及农业抗御自然灾害能力下降，水、旱、虫灾等灾害受灾面积比重有逐年上升的趋势。

新型经营主体在农业产业化项目缺乏监管的情况下，为了追求自身经济利益最大化，存在以破坏耕地质量或改变农地性质的方式实现企业发展目标，甚至在项目失败后置毁坏的耕地于不顾，一夜“蒸发”，将复耕责任抛给地方政府的现象。

同时，新型经营主体在农业生产中的“跟风农业”现象时有发生。“风”一来，盲目跟进，引发无序、过度竞争，生产供大于求，价格下跌，产品难销，造成增产不能增收的问题。土地利用的短期行为和盲目行为造成了耕地资源的浪费和破坏。同时，耕地利用的短期行为和不科学的培肥，引起土壤肥力下降或者分布不均。

五、土地开发项目成果的可持续管理不足

由于自上而下的项目实施方式，农村社区组织的弱化以及农村主要劳动力的外出，部分土地开发的成果尤其是一些具有公共效益的项目成果如灌溉水渠、机耕道路、防灾减灾设施等，存在后续管理不够的问题，甚至存在“政府出钱建设，还要出钱维修和管护”的问题。

土地整治与开发涵盖的内容极其广泛，涉及国土、规划、建设、农业、水务、交通、环保等众多政府部门。项目管理不仅需要农、林、水、国土方面的专业技术人员，还需要精通工程经济管理的专业人员。在现行组织体制下，人员大多临时从各部门抽调，往往不能到位，人力资源不足导致项目管理难度大。

由于土地开发整理项目涉及农、林、水、国土等部门，土地整治资金主要来源于涉农资金整合和财政专项投入，各级地方政府在土地整治资金的使用以及统筹规划中面临较大压力。同时，在农村集体建设用地、农用地等支农惠农项目的立项和具体实施过程中，因为资金来源、立项要求以及用途各不相同，建设内容相对独立且验收标准差异较大，这导致土地整治工程的有效实施难以保证。

第二节　完善乌蒙山区国土开发扶贫的机制建议

一、强化国土空间规划的权威性和约束机制

作为各类开发保护建设活动的基本依据，国土空间规划既是国土空间发展的指南，也是可持续发展的空间蓝图。国土空间规划科学是最大的效益，规划失误是最大的浪费，规划折腾是最大的忌讳。国土资源保护和开发，一定要把规划先行、规划引领作为一条“铁律”，牢牢固化在思想里、深深扎根到实践中。并明确国土空间规划的法律地位和权威性，并以此为约束，切实发挥总体规划对土地行为的整体控制作用。

强化国土空间规划的权威性及对各专项规划的约束和指导作用，这是党中央和国务院作出的重大部署。为了避免出现更换一届党委和政府改动一次规划的现象，国土空间规划一经批复，任何组织或个人不能违规变更和随意修改。详细规划和相关专项规划要服从总体规划，下级国土空间规划要服从上级国土空间规划。进行各类开发建设活动，要坚持先规划、后实施不得违反国土空间规划；坚持“多规合一”，在国土空间规划体系之外不能另设其他空间规划。相关专项规划的技术标准应与国土空间规划衔接。由于国家重大战略调整、行政区划调整或重大项目建设等确实需要修改规划的，需要经过规划审批机关同意，方可依据法定程序修改。在国土空间规划编制以及实施过程中，一旦出现违规违纪或违法行为，要追究当事人责任。

国土空间规划审查备案制度根据谁审批、谁监管的标准分级建立。为了缩减审批时间，应管什么就批什么，进一步精简规划审批内容。在编制和审查相关专项规划的过程中，应加强“一张图”的核对以及与国土空间规划的衔接。批复后应该叠加到国土空间规划“一张图”上，同时纳入同级国土空间基础信息平台。跨行政区域或流域的国土空间规划和自然保护地等的专项规划，由所在区域或上一级自然资源主管部门牵头组织编制，并报同级政府审批。空间利用的专项规划，例如能源、交通和水利等基础设施以及林业、草原、生态环境等专项规划，由相关主管部门组织编制。相关专项规划可在国家、省和市县层级编制，不同层级、不同地区的专项规划可结合实际选择编制的类型和精度，在市县及以下编制详细规划。详细规划是对具体地块用途、开发建设强度等的实施性安排，是实施国土空间用途管制、开展国土空间开发保护活动以及

核发城乡建设项目规划许可的法定依据。由市县自然资源主管部门组织编制在城镇开发边界内的详细规划，并报本级政府审批。由乡镇政府组织编制多规合一的实用性村庄规划，即在城镇开发边界外的乡村地区，以一个或几个行政村为单元编制规划，报上一级政府审批。

国土空间规划实施过程中，自然资源部应协同三省，足额保障乌蒙山区脱贫攻坚的用地需求。涉及易地扶贫搬迁、基础设施以及民生发展等的用地，经人民政府批准，在城乡建设用地规模总量控制的基础上，根据需要调整片区城乡用地的布局和结构和土地利用的年度计划，优先安排片区脱贫攻坚需要的新增建设用地。新增建设用地指标不足时，可以预支使用。如果省级计划指标不足，可在国家计划指标中调剂追加。国土空间规划实施过程中，对于农村集体经济组织使用农村集体建设用地或者通过土地使用权入股、联营等方式与其他单位或个人共同兴办企业，发展农村新产业、新业态的，将予以支持。进一步落实休闲养老、光伏扶贫以及乡村旅游和设施农业等用地政策。片区农用地转用和土地征收涉及脱贫攻坚项目建设用地的，在依法补偿安置的同时，可以边建设边报批；涉及占用耕地的，可以边占边补。对于省级以下易地扶贫搬迁、基础设施和民生保障等建设用地，若确实存在无法避让永久基本农田的情况，在将其纳入重大建设项目范围，由省国土资源主管部门办理用地预审，并按照有关规定办理农用地转用和土地征收。

乌蒙山区各省市制定的国土空间规划要有权威性，切实做到形成体系、搞好衔接、强化执行。要加强系统谋划，不仅要做好土地利用规划，也要做好土地资源保护的规划；要推进多规合一，加强土地利用规划与经济社会发展规划、城乡建设规划、文化发展规划、环境保护规划以及与农牧林水、国土开发等各方面规划的衔接和协调，将产业布局、城镇建设、基础设施建设、土地开发整理等内容融为一体，统筹考虑，做到工业园区化，农业规模化，居住社区化。把多种要素聚集到一张图上，以规划融合促进产业融合、行业融合、事业融合。要狠抓规划执行，不论总体规划还是专项规划，都要本着真管用、可操作、能落实的要求去做，都要坚持一个规划管到底、一张蓝图绘到底，保证规划的科学性和权威性，使规划真正成为引领发展的“导航仪”和施工图，杜绝“翻烧饼”、瞎折腾。

二、建立农业产业发展与土地开发项目的协调机制

随着经济社会的快速发展，乌蒙山区开发利用国土资源的程度也在迅速加

深。在产业经济不断发展的过程中，资源的消耗也不断增加，出现了土地资源供给紧张，矿产资源约束增强，自然环境污染加剧等问题。认清乌蒙山区国土资源形势，建立国土开发项目与产业发展的协调机制是农业产业发展的有力保障。

乌蒙山区要最大限度地发挥土地效益，就要将土地开发整理与农业内部结构调整结合起来。农业部门在土地管理部门实施项目之前要参与决策，提出对土地治理内容与措施的建议；在土地开发整理实施后，为确保农业提质增效，要大力推广优质、高产、高效农业生产技术，实现规模经营和机械化耕作。以土地开发整理为契机，充分发挥乌蒙山区的区域优势，在农户自愿和有偿的前提下，推动土地承包经营权流转，发展适度规模经营。选择有市场前景和地域特色的品种，大力发展生态农业和特色养殖，进一步优化农业产业结构，提高特色农产品的品质和生产效率。

乌蒙山区各地土地管理部门和农业部门在土地开发整理实施后，应从生产技术、生产资料和生产经营者多方面、多角度促进农业综合生产能力的提高。为加快科研成果转化，应大力推广优质、高效、高产生产技术，大力实施“畜禽水产良种工程”和“种子工程”，加强大宗农作物的基地建设。为提高农民素质，可以开展通俗易懂、针对性强和务实有效的农业科技培训，并采取多种措施提高农民种田务农的积极性。

产业转移与国土开发空间结构存在紧密的联系，即产业转移通过影响产业空间布局、城乡一体化、区域协调发展，作用于国土开发空间结构优化。因此，在东、中、西、东北地区“四大板块”协调发展以及在“一带一路”建设、京津冀协同发展、长江经济带发展“三大战略”的区域发展新格局中，乌蒙山区应当着力实施科学合理的产业转移来促进国土开发空间结构优化。引导国土开发项目向着适合农村产业集聚和规模化经营的方向发展。针对土地整理后质量较高、成片性较强的新增耕地，积极引进农业产业化龙头企业进行高效农业规模化经营。

三、建立土地可持续利用与经营的监督评价机制

乌蒙山区土地监管政策实施以来，土地监管工作取得显著成效。有效遏制了建筑用地过度审批问题，市场环境和经营性土地竞争体系进一步完善，公平公正的市场竞争体系基本形成。但是，土地管理体制等制度仍不完善，监管体系制度缺失，土地开发和利用仍存在许多问题，违法圈地和低水平重复建设等

土地违法违规现象突出。保护土地资源，提高土地资源利用率，建立土地可持续利用与经营的监督与评价机制迫在眉睫。在农业新型经营主体快速增长以及土地掠夺性经营普遍的情况下，土地和农业部门对土地利用、经营的监管机制和制度要尽快建立起来，要规范农业新型经营主体的土地利用行为，要限制或禁止其掠夺性经营行为，要鼓励其可持续经营行为，实现可持续发展。

（一）完善土地利用监管体系

乌蒙山区土地利用及执法形势依然十分严峻，主要表现为：土地利用监管体系中的财税制度和政绩考核制度等制度不完善，监管不严格，查处不到位，导致土地利用违法违规现象时有发生。针对土地监管制度暴露的问题，应进一步完善乌蒙山区土地监管体系。

（二）建立长效监管及评价机制

违法使用土地的现象不仅涉及违法使用土地的组织或企业，还涉及与土地管理有关的政府职能部门。因此，在建立土地使用企业监管“横向”措施的基础上，为了避免政府及其职能部门在土地审批和其他土地管理方面过多干预以及滥用政府和部门职权，应建立针对政府及其职能部门的土地监管机制，真正解决和防范土地市场问题，从根源防治土地违法违规问题，实现长效监管土地利用，切实提高集约用地水平。

（三）建立土地监管及评价机制的具体举措

第一，完善自上而下的监督措施。乌蒙山区各级国土资源管理部门应通过建立和实施土地市场信息管理系统，分析土地市场运行情况，引导和调控地方土地利用，履行好法定的土地市场监管职责。各级国土资源管理部门一方面要加强对违法违规使用土地资源行为的惩处，另一方面也要加强土地资产违法检查力度，对于土地管理相对人和行政管理主体的过错都要加以处罚。为规范和保护土地市场秩序，国土资源管理部门应建立快速反应的执法机制，严肃处理违法和知法犯法者，将触犯法律的相关人员移送司法机关，追求违法责任，通过以上高压措施打击土地违法行为。为营造浓厚的社会监督体系和舆论氛围，管理部门可通过广播、电视等媒体宣传整治土地市场秩序的意义。

第二，执行土地变更调查责任追究制度。作为自然资源部门土地利用监管的基础，应该确保土地数据准确和客观地反映土地变更的相关情况。各地应该严格落实土地变更工作职责，土地变更应作为日常工作的重点。建立目标责任制度，年度考核时应将土地变更工作作为重要考核指标，确保“变化一块，统计一块”，做到调查结果客观和真实有效。对于虚报、伪造和瞒报数据的行为应该严厉惩处。通过三级检查机制，对调查汇总情况定期抽查，不合格的单位应通报批评。

第三，加强国有建设用地批后监管工作。提升土地节约集约利用水平，建立健全建设用地批后监管的各项制度，在完善建设用地批后公示、批后审查、开发利用和项目竣工用地验收等方面实施监管，严格把关。可以通过开竣工申报、现场核查、预警约谈、违约处罚、闲置和低效利用土地处罚等手段，促使用地单位严格按照批准的条件使用土地，切实提高建设用地供地率。严格要求土地使用权人在土地现场显著位置设置用地信息公示牌，将项目用地批准文号、土地用途、面积、四至边界、容积率、开工日期、竣工日期、监管机构、举报电话等内容进行公示，方便社会监督。

第四，强化土地节约集约利用方面的约束和惩戒。将节约集约用地考核从重准入转向重监管，建立土地产出效率动态考核奖惩机制，并与土地使用权期限挂钩。鼓励各地实行灵活多样的短期租赁制，对新进企业禁止一次性出让50年工业用地使用权。为保证闲置低效土地盘活利用，土地市场监测和监管应动态化。使用人未按规定时间将闲置土地处置到位的，其在自然资源部门办理的有关手续，包括土地使用权转让、土地抵押登记、新建及扩建等，将暂停受理。

第五，建立“土地利用事件”责任追究终身制。作为全社会的共同资源，土地应为全民所共享。制定农村土地利用政策时，应以经济、社会和生态统一发展为原则，以公共利益最大化目标，实现环境友好、生态安全和村民生活富裕。然而，当前少数地方政府及职能部门片面追求经济发展的高速度，导致环境质量严重恶化，只顾及眼前的经济利益，忽略长远的生态平衡利益，未履行土地生态伦理建设的道德责任。少数官员只求自己任内GDP增长快，然后异地升官做官，留下被污染的环境和被破坏的生态给老百姓。有的为了改善小部分人的福利，将群体利益置于不顾，导致缺乏伦理的土地利用行为时有发生。由于监督不到位，为了追求经济利益，一些与土地整治相关的企业违背在社会和生态效益的前提下实现自身利益的基本价值准则，将土地开发利用与生态环境割裂开来。损害的生态环境后果显现时常存在“滞后性”，许多决策行为产生的环境问题不是马上可以显现，很多环境污染及其影响往往是长期的，因此要建立“土地利用事件”责任追究终身制。对违背科学发展要求、造成生态环境严重破坏或资源严重浪费的，责任人不论是否已调离、提拔或者退休，都必须严格追责。终身追究将促使领导干部克服短期化利益观，对发展进行从长计议。

在实际工作中主要从以下几方面入手来抓：

首先，加强教育培训。为了让尊重自然、顺应自然和保护自然的生态文明理念深入人心，在培训的各级干部过程中，应将生态文明作为其必修内容，纳入干部培训课程。从思想上强化各级干部的生态保护意识，提升绿色发展能力。

其次，完善政绩考核。在党政领导班子和领导干部政绩考核的过程中，提高环境保护和生态效益等方面的考核权重。将干部选拔任用与生态环保考核结果挂钩，真正发挥考核评价和选人用人的“指挥棒”作用，倒逼各级领导干部形成可持续发展的大局观。

再次，强化日常监管。生态环境一旦遭到破坏，需要几倍的时间乃至几代人的努力才能恢复，甚至永远不能复原，正所谓“亡羊补牢，为时已晚”。保护生态环境重在预防，不能局限于事后追责。为此，应该把功夫下在平时，进一步加强对领导干部的日常监督管理。为了及时发现问题和纠正错误，应多管齐下，运用审计、舆论监督和信访举报等手段，防微杜渐，避免小问题酿成大灾害。

最后，加大问责力度。政府监管部门、纪检监察机关、组织人事部门等要加强协作，不折不扣地把规定执行到位，以严格追责促进领导干部履职尽责。发现违法用地，对于对监管置之不理的，应立即立案查处并进行处罚；对于达到追究刑事责任的，应迅速移送公安机关，追究其刑事责任。县级以上政府出台国土资源执法监管规定，落实共同制定的责任，加大对违法用地的建筑拆除和复耕力度，对于对违法用地处理不力的相关责任人员，追究相应责任。

四、建立国土资源利用风险预警机制

国土资源利用风险预警的出发点在于保障国民经济持续发展，动态监测国土资源供求变化情况，对于未来国土资源的供求形势与发展趋势做出预测，针对国土资源可能的失衡危害及时发出警报的一项系统的科学研究工作。国土资源的开发利用和国民经济的发展相辅相成。通过建立动态仿真系统，对国土资源利用和社会发展的各影响因素进行模拟分析，梳理各种因果关系，确保国土资源预警预报准确无误，推动资源的开发和利用更加有效。

首先，建立国土空间基础信息平台，健全乌蒙山区国土空间规划实施、动态监测、评估、预警和监管机制。运用大数据等新技术，提高国土空间全域全要素的数字化和信息化水平，构建乌蒙山区国土空间数字化生态，保障新时代国土空间规划任务实施。主要任务是监督责任部门落实主体责任，辅助管理者进行决策，逐步实现“可感知、能学习、善治理和自适应”的智慧规划、不断提升空间治理体系和治理能力现代化。对于片区国土空间规划中各类管控边界和约束性指标等管控要求的落实情况，上级自然资源主管部门要会同有关部门进行监督检查。自然资源执法督察内容应将国土空间规划执行情况纳入。建立乌蒙山区国土空间规划定期评估制度，定期评估扶贫成果和规划执行情况，动态调整和完善国土空间规划。

其次，建立乌蒙山区违法违规占地预警机制，通过对违法违规占地的预警，真正做到对违法违规占地早发现、早制止、早查处、早整改。建议乌蒙山区省、市自然资源局每季度向省、市政府报告一次违法违规占地及查处情况，以便及时反馈相关信息。要建立建设用地的批后跟踪督查预警机制。建议乌蒙山区省、市自然资源局应每半年向政府报告一次全省市批后用地使用情况。对各类建设用地的建设用途、所处区位、占地面积、开工情况、工程进度等及时如实反馈。对未按建设用地合同和施工要求建设的，及时提出督促整改意见。此外，建立建设用地节约集约情况的预警机制。省、市自然资源局每年进行建设用地节约集约利用情况的评价，一旦发现问题，适时发出预警通报，为各级政府宏观调控提供依据。

建立乌蒙山区地质灾害气象预警机制，保证国土资源利用安全。乌蒙山区是一个地质灾害严重且多发的区域，地质灾害种类多、分布广、危害大，严重制约经济发展和威胁着人民生命财产安全，阻碍脱贫的进程。各级政府应通过制定地质灾害防治政策法规、落实保障资金、组建专门机构，保障地质灾害气象预警预报工作持续有效地开展。地质灾害气象预警涉及气象因素、地质背景和社会背景等，预警工作难度较大。需不断引入新技术方法，改进、完善预报模型，建立统一的信息共享平台和畅通的部门间信息共享机制。受地质灾害影响严重的农村、边远贫困地区，应纳入群测群防网络，以及时获得预警信息。

建立乌蒙山区自然资源管理廉政预警机制。自然资源部门作为行政管理部门，承担着保护与合理利用土地资源、矿产资源、水资源等自然资源的重大责任。同时，自然资源部门作为行政执法部门，在土地出让、矿业权出让、土地和矿业权评估等重点领域拥有弹性较大的行政自由裁量权，面临着巨大的廉政风险。建立乌蒙山区自然资源管理廉政预警机制，就是根据廉政建设和反腐败工作目标要求，运用现代科学技术手段收集、整理、分析廉政风险信息，运用这些信息对廉政风险状况进行评估，并在此基础上预测廉政风险事件发生的规律和趋势，分析廉政风险信息、评估廉政风险状况、预测廉政风险趋势并对其进行控制，为具体工作部门提出风险警示并管理和控制风险。针对监督管理不足或权力所有者不能正确使用权力而产生的廉政风险，开展风险防范工作，降低腐败的可能性。相对于传统反腐工作，自然资源管理廉政预警机制更注重腐败的诱因管理，加强对腐败的预防，减少对公共利益影响和损害。由于廉政风险是一个从量变到质变的风险积累过程，存在延迟性，往往在损失发生较长时间后，通过举报或审计等渠道才能发现问题，但廉政风险在积累过程中会发出信息，应对信息进行搜集、分析与评估从而进行预警，发出风险警告并为风险管理决策提供重要依据。

第三节　乌蒙山区国土开发扶贫的政策建议

一、出台将政府对国土开发的投入成果转化为村集体组织和农民的资产的政策

出台国土开发的投入成果转化政策，将国土开发的成果转化为村集体组织和农民的资产，扩大集体经济的收入来源，壮大集体经济的实力，同时提高贫困农户长期性的资产性收入。

长期以来，国土开发投入的扶贫效果并不显著。根据国家对脱贫攻坚的部署，“十三五”期间，在坚持农村基本经济制度和经营制度不动摇的前提下，创新财政支农项目资产收益扶贫模式，改变扶贫资金“大水漫灌”形式。以稳妥推进林权使用制度和农村土地承包经营权改革为突破口，探索将公共资产、财政专项扶贫资金以及其他涉农资金、农户权益资本化和股权化，增加贫困户的资产性收益，为精准脱贫开辟新的路径。

根据这一战略部署，国土开发扶贫中应出台国土开发的投入成果转化政策，将国土开发的成果转化为村集体组织和农民的资产。国土开发扶贫可以成规模投入、整村推进，同时要求农民每户入股，组成资金互助社。这样既扩大集体经济的收入来源，壮大集体经济的实力，又激活农民参与合作社的积极

性，提高贫困农户长期的资产性收入。

资产收益扶持制度主要针对的是丧失劳动力而无法劳作的农民等自主创收能力受限制的农村贫困人口。将分散、细碎和“沉睡”的各类资源要素转化为资产，并整合到优势产业平台，使贫困人口生产生活空间进一步扩展，达到脱贫致富的目的。目前，先行开展探索的省份涉及四川、贵州等省份。表现为贫困人口将部分支农资金和财政专项扶贫资金入股家庭农场、专业大户以及农民合作社等新型经营主体，生产者、经营的收益分红使得贫困人口的财产性收入不断增加。资产收益扶持制度除了由国家财政资金形成资产确权入股外，可推广到农村集体资产和农民承包的土地经营权入股。

为了将贫困户从狭隘的生产空间中解放出来，促进贫困户资产增加，实现稳定增收脱贫，通过资产收益扶持制度，贫困户将财政扶贫资金和部分农村集体资产等量化，变为在农村新型经营主体中的股份，获得分红以及就业和技术指导等收益，建立市场主体、合作组织与贫困户的利益联结机制。

资产收益扶持制度激活了农村资源要素，通过将农户和村集体拥有的草地、荒山、滩涂、建筑物、土地、林地、水面、机械设备等资源和资产量化后入股，发展生产经营活动，经营集约化水平和组织化程度不断提高，农村生产力进一步解放和发展。

比如乌蒙山区的贵州省六盘水市就以“资源变股权、资金变股金、农民变股民”的资产收益扶持制度有效整合各种资源要素，探索了一条通过股权化实现规模化、集约化、产业化的精准扶贫新路子。其具体做法如下：

一是把财政资金转变为股金。以不改变资金用途和性质为前提，将财政投入到农村的生产发展类资金、扶贫开发资金、农村基础设施建设资金、农业生态修复和治理资金等量化为村集体和农民的股金，按股比分享收益，资金的使用效益大幅提高。通过集中投入、产业带动、社会参与和农民受益的方式，统一入股到企业、家庭农场以及合作社等经营主体。自 2014 年以来，整合农业、林业以及扶贫等部门各类财政资金共计 2.74 亿元，集中投入到企业、合作社和家庭农场等经营主体，受益贫困群众多达 79513 名，33768 人实现脱贫。

二是推进资源变股权。将农村森林资源、土地资源以及旅游文化资源等进行整合，加大农村产权制度改革。将存量折股、增量配股和土地入股，作为企业和合作社等经济组织的股权，使农村资产股份化、土地股权化，盘活各种资源要素，资源叠加效应凸显，资源利用率进一步提高。

三是积极推进集体资产入股。在集体经济组织全体成员同意的前提下，将集体所有的资源和资产，包括土地、草地、林地、滩涂、水面、荒山、建筑物和机械设备等协商评估入股，集体经济组织根据拥有合作社和企业等经营主体的股权比例获得收益。自 2014 年以来，六盘水市共有 8.21 万亩“四荒地”、16.52 万亩集体土地、32.18 万平方米水面入股。通过资产入股，村集体经济新增收入 2477 万元，消除 413 个“空壳村”，“空壳村”占比从 2013 年的 53.8%缩减到 15.3%。

四是引导农民变股民。以耕地红线不突破、农民土地集体所有性质不改变和农民权益不受损为前提，对于农民将土地、资金和技术等入股到企业、合作社和家庭农场等经营主体予以鼓励，推动其变身为股民，让农民实现就近就业。为了促进农户与经营主体“联产联业”“联股联心”，积极引导农民将已确权登记的土地承包经营权入股，实现经营主体发展适度规模经营和入股农户以承包地入股成为股民。同时，贫困户可将财政定向投放的帮扶资金转变为持股，通过投入到村集体领办和创办的经济组织而获益。

国土开发资产收益扶持制度的建立基于农村农业各项制度的深层次改革，包括财政扶贫资金和支农资金的使用与管理制度、农村土地制度、农村集体产权制度以及农业支持保护制度等的改革。为了解决资金整合困难、风险防控难度大以及政策配套尚不完善等难题，需要进一步健全机制和完善措施。一是要做好资金整合。通过建立“以县为主体，省级支持配合，以财政资金为主，引导金融和社会资金参与”的资金整合机制，促进贫困人口脱贫增收。二是要明晰产权。现代农村产权体系是资产收益扶持制度的基础。因此，建立归属清晰、权责明确、保护严格、流转顺畅的产权体系是关键。三是要构建产业平台。农民要获得可持续资产收益，实现精准脱贫，产业发展是依托。将乡村特色产业和优势产业培育成特色品牌，夯实扶贫根基。四是要防范风险。为增强风险防范能力，需进一步完善政策性保险、财政补贴以及信用担保等风险防范体系。五是规范运作。资产收益扶持制度涉及公共资金和集体、个人利益。通过规范运作，实现政府、市场和农民的协调发展。

各地由于情况不同，在实践中可以采取不同的路径：

（一）增加固定资产收益

2015 年，四川省在全国率先开展财政支农资金股权量化改革，受到农户欢迎。清源土地股份合作社将财政补助的 335 万元、财政专项扶贫资金 20 万元及合作社自筹的 30 万元，集中投入建设粮食烘储中心，并将烘储中心进行股权量化，一改过去财政资金直接补给农民的做法。中心自建成以来，实现收入 40.55 万元，除去成本，可分配红利达 21.94 万元。

2015 年，四川省财政安排 9000 万元扶贫资金，在 70 个农民合作社率先开展试点。支持 15 个农民合作社开展资产收益扶贫试点，涉及股权量化改革与农业产业链条延伸试点资金 1800 万元。高县庆符镇黄桷村百家蔬果专业合作社依托该试点，将原有 242 万元资产与 100 万元扶贫资金进行资产重组，合作社和项目资金分别占股 71%、29%。财政扶贫资金投入到合作社形成的资产，以优先股形式全部量化给贫困户。

支持贫困村和贫困户自愿将农村土地、荒山、荒地、森林、水面和滩涂等集体资产以及个人土地承包经营权、林权通过流转的方式，获取资产收益。鼓励通过以上资产量化折股方式成立农民股份合作社，入股龙头企业、农民合作社和种养大户等经营主体，实现资产收益增加的目的。

允许将具备条件的财政专项扶贫资金和其他涉农资金投入农业、养殖、水电、乡村旅游和光伏等项目形成的资产折股量化给贫困村和贫困户，对丧失劳动能力的贫困户优先给予。可由村集体、合作社或其他经营主体统一经营资产。针对扶贫移民搬迁安置区，支持将财政资金投入形成的资产量化到户到人，并让其通过入股的方式发展集体物业经济。在全国首创“贫困户优先股”，形成贫困户增收渠道。

（二）增加资金资产收益

多种方式吸纳贫困村和贫困户资金参与基础设施建设、运营，将投资补助、特许经营和政府购买服务等资金入股到部分营利性的项目中，如城乡供水、供热、燃气、公园配套服务、公共交通、污水垃圾处理及停车设施等市政基础设施项目和部分营利性的教育、医疗、体育健身、文化设施建设和养老等项目。依托以上资产，贫困村和贫困户可以通过经营收费、租赁或入股经营主体等方式获得收益。

（三）其他增加资产收益方式

依托财政专项扶贫资金和其他涉农资金，鼓励龙头企业和农村合作经济组织可共同成立经济实体，吸纳贫困户劳动力就业。对于参与生产和创收活动的贫困户，通过减免其生产费用和提供优惠服务价格等途径，促进贫困户收益的增加。

（四）盘活农村“三资”资源

通过引入社会资本将农村资源、资金和资产盘活。对于贫困村的集体老旧办公用房、学校、厂房、会堂、仓库以及存量建设用地和农户废弃宅基地，可以通过改建和新建物业房产等方式，将闲置资产盘活。为了让农民享有更多房屋财产收益，对于开发特色旅游、租用农民空置房创业和下乡租住民房度假的应积极鼓励。贫困地区的资产收益扶贫项目应扩展到对风能、水电、太阳能和矿产等资源的开发，赋予土地被占用的村集体股权，让贫困户分享更多资源开发收益。

（五）鼓励“三权”抵押贷款

在风险可控的前提下，对于农村土地承包经营权、林权和农村居民住房产权“三权”，可鼓励和支持金融机构开展抵押贷款。抵押贷款对象优先选择信用良好的贫困户，通过“三权”抵押增加信用担保总量。放宽龙头企业、农民合作社和种养大户等的经营资产收益扶贫项目的经营主体融资限制，将贫困户纳入扶贫贴息贷款的发放对象，增加其资金供给。

（六）推进农村“双权”（土地承包经营权、林权）流转制度改革

全面推进贫困地区林权证发放查缺补漏和土地承包经营权确权登记颁证工作。完善农村土地经营权流转机制。将土地、林业产权交易纳入公共资源交易平台，通过全区统一的城乡建设用地增减挂钩周转指标有偿使用交易市场的建立，推动地票市场开展交易。培育和扶持土地股份合作社的力度应进一步加大，实行同地同价，征占用补偿标准应依法合理提高。完善土地流转风险防范与退出机制。逐步推进集体资产所有权、承包权和经营权“三权分离”流转机制，开展集体资产股份权能改革和农民股份合作改革等工作。

（七）建立合理的资产收益分配机制

对于资产量化折股到村、到户、到人的，应将一部分资产划出，用于设立特困户和贫困户优先股，剩余部分再量化给其他农户。动态管理资产收益扶贫项目中的贫困户，收益分配应根据人员变动合理调整。为了尽快产生收益，财政专项扶贫资金和支农资金应尽量投入到生产周期短、见效快的项目中。通过建立健全收益保底机制，确保贫困户在项目持续期内拥有稳定的回报并尽快获

取收益。对收入稳定和易于核算的项目可采用“低保底 + 高浮动收益”的分配机制，风险大和不易于核算的项目则宜采用“高保底 + 低浮动收益”的分配机制。

二、出台东部地区的土地出让金向贫困地区倾斜的政策

土地出让金指的是土地管理部门将土地的使用权出让给土地使用者，向受让人收取的土地出让款，或土地使用到期后，土地使用者需要续期缴纳的续期土地出让价款，或原通过行政划拨获得土地使用权的土地使用者，将土地使用权有偿转让、抵押、出租、作价入股或投资，按规定补交的土地出让价款。土地出让金的作用包括：通过调节土地的利用，调整和改进一二三产业结构及各产业内部结构，推动经济发展；通过土地出让金的分配，发挥市场经济关系中经济杠杆的作用，合理分配国家、土地所有者和土地使用者的土地收益，调节市场竞争关系等。

自我国实行土地有偿使用制度以来，土地出让金收入呈现快速增长态势。由于经济发展状况、自然禀赋等原因，东部地区土地出让金收入总额较大，平均约占地方财政收入的 51.47%，而西部地区尤其是乌蒙山区土地出让金收入总额较小，应出台东部地区的土地出让金向贫困地区倾斜的政策，以推动乌蒙山区脱贫的进程。

目前，乌蒙山区土地出让金支农部分严重不足，贫困户脱贫步伐受阻。支农支出主要包括农业土地开发支出、被征地农民社会保障补助支出和农村基础设施建设支出。土地出让金支农部分严重不足导致乌蒙山区农村发展停滞不前，城乡二元化加剧，不利于贫困农民增收脱贫。因此，应从土地出让金收入中计提农田水利建设资金，专项用于农田水利设施建设，重点向乌蒙山区粮食主产区、革命老区和民族地区倾斜。同时，计提农业土地开发资金补充被征地农民社会保障支出，保持被征地农民原有生活水平补贴支出以及农村基础设施建设支出。

三、出台降低农业土地经营成本的政策

随着工业化和城镇化步伐的加快，土地和劳动力等农业生产要素成本不断攀升。若农业高成本、资源约束与生态环境状况趋紧相互叠加，有可能使农业发展陷入长期停滞，最终会影响脱贫攻坚的进程。当前，乌蒙山区农村留守群众大多文化水平低、年龄偏大，普遍存在缺资金、缺知识、缺技能的问题，是

脱贫攻坚中真正的“硬骨头”。要想自主脱贫，只能靠就业帮扶。建设乡村以从事农产品初加工、手工业、来料加工经营等劳动密集型产业为主要内容且带动贫困农户脱贫效益明显的新型经营主体，是实现贫困人口增收脱贫的就近就业扶贫的载体。对企业而言，土地又是最重要的生产要素，土地成本在生产经营成本中占据较大比重。实体企业为开展正常的经济活动而获取可利用土地的过程中产生的所有物质成本，包括土地取得成本和土地开发成本，可细分为土地出让金、土地占用和使用相关税金、相关行政事业性收费以及自行开发的投入。目前，我国用地供应多为将若干年限的土地使用权一次性批租给用地企业，企业一次性支付出让金。较之年租制，这加大了企业的初始投资压力，中小企业的情况更是如此。从政府角度看，这种供地方式也存在着政府在出让期内对土地难以调控，难以处置低效闲置土地等问题。因此，出台降低企业农业土地经营成本的政策，为“扶贫企业”进乡村提供方便，实现“一人就业，全家脱贫”，这对打好脱贫攻坚战，全面建成小康社会具有重要意义。

针对乌蒙山区农业产业化发展迅速、农产品深加工前景广阔、带动贫困农户脱贫效益明显的新型经营主体，国土开发项目应该探索支持其建立物流加工基地，给予物流设施和厂房建设补贴，或者一次性建设规范的、高标准的厂房，交由新型经营主体有偿使用。一方面可以提升农产品生产的质量和水平，另一方面可以节约新型经营主体的投入成本，同时还能保证财政资金的保值增值。

物流产业被称为经济的血脉，为促进乌蒙山区物流产业发展，带动贫困群众脱贫致富，在土地利用总体规划中应综合考虑物流发展用地，统筹安排物流及其配套公共服务设施用地选址和布局。对于带动贫困农户脱贫效益明显的新型经营主体，国土开发项目应该探索支持其建立物流加工基地，给予物流设施和厂房建设补贴，对优先使用村集体闲置房屋作厂房的和使用存量土地资源建设物流设施或者提供物流服务的，要给予相应的补贴。为优化发展环境，降低企业经营成本，可在土地出让价款、土地使用方式、土地出让年限等方面给予政策优惠考虑到企业在一次性缴纳资源价款时存在困难，可对资源价款采取缓缴的办法。同时，依据土地节约集约利用的原则，鼓励企业在符合规划和不改变土地用途的前提下，通过厂房加层、厂区改造、内部用地整理等方式提高土地利用率和增加容积率的，并不再增收土地价款。

对于使用国有未利用土地开展以农、林、牧、渔业产品初加工为主的工业项目，带动贫困农户脱贫效益明显的新型经营主体，在确定土地出让底价时给予优惠。利用已有存量土地和原厂房兴办物品储运、鲜活农产品销售等的服务业用地，以及符合自然资源部规定的行业目录的工业用地，分别在土地的取得方式、先租后让、法定最高年限内实行缩短出让年期等方面给予优惠。

农业补贴是对农业扶持的最主要、最常用的办法，中央财政实施的以种粮、良种、农机购置和农业生产资料价格综合补贴“四补贴”为基础，以农业保险保费补贴、农业重点生产环节补贴等为补充的农业补贴制度，对粮食产量和农民收入持续增加发挥了关键作用，有力保障了农业发展和农业安全。“十三五”期间是扶贫开发工作攻坚拔寨、全面建成小康社会的最后冲刺时期。为进一步加快乌蒙山区贫困地区发展，我国农业补贴政策调整应“保供给、促增收、抗风险”的方向进行。“保供给”即确保主要农产品的有效供给，保障国家粮食安全；“促增收”即促进贫困农户收入持续增长；“抗风险”即提高贫困农户对抗自然和市场风险的能力。

乌蒙山区贫困程度深，农村扶贫任重道远，“授人以鱼不如授人以渔”，应加大对贫困户进行脱贫致富方法技能的培训，鼓励贫困户自主脱贫。加快建立农业产业扶贫项目库，力争贫困村村村有项目，户户有产业。积极引导贫困农户建立农业生产经营项目，保证贫困人口有稳定的产业收入，增强贫困户的造血能力，使其最终脱贫致富。

加大对家庭农场、合作社农业的补贴力度，重点支持家庭农场、合作社、种植大户、农企等新型农业主体，着力打造优势特色产业，这将有力带动贫困农户收入持续增加。对流转贫困户土地发展产业、签订土地流转协议期限较长的，按租金的一定比例进行补贴。村社干部、毗邻的种养能手农户与贫困户联合发展产业、每年有农作物收成的，按贫困户承包地面积的一定比例进行补助。支持通过土地互换调整，促进规模发展。对与贫困户互换调地的农户，按其调出地块面积的一定比例给予补贴支持。对发展水产养殖、蔬菜种植以及其他产业种养业的经营主体，支持其积极吸纳贫困户的承包地折资入股，按照“保底分红”模式，就地组建农民股份合作社或农业股份公司。股权量化可按照不高于当地年租额除以国家同期政策性银行贷款利率的标准，由双方协商确定。对吸收贫困户的农民股份合作社或农业股份公司，由专项资金按照贫困户入股额进行等额的增资扩股，分 3 年到位，其中贫困户持有的股权比例不低于 60%。

贫困农户把种地从传统“营生”变成效率更高的“经营”活动，在实践中有很多实现途径，比如成立土地股份合作社，进行土地托管。绝大多数建档立卡贫困户未离开农村，未离开农业，发展无资金，无项目，无思路。即使通过精准帮扶使其在短期内完成脱贫，但是从长远来看，许多农户返贫的可能性依然很大。村委会对那些缺人力、缺机械的贫困家庭进行统计，同时积极动员各家种植，合作社通过“合作社＋贫困户”发展产业的模式，与贫困户“联姻”。村民以土地入股，并预交一定的种植费用，交由合作社种植和经营，除去成本后，所得收益按每户入股的土地面积分红，实现“分红分股不分地”。加大对合作社的农业补贴，有利于降低生产经营的成本，提高农户种植的积极性，确保贫困户有收益。

从种植到收获，从技术服务到物资供应，合作社全程提供“保姆式”托管服务，这样，贫困户也可以就地在合作社打工或者从事其他行业增加收入。合作社整合零散土地，统一耕种，实现集约化生产，降低土地经营成本。根据实际情况统筹安排农机生产，提高机具利用率，降低生产成本。农民从中受益，合作社也生财有道。在这一过程中，传统耕作方式得到改变，一是减少了生产环节，新的耕作技术将农民的劳动量减少一半左右；二是生产方式得到了改观，过去一家一户自种自地，肥药质量参差不齐，现在种地，合作社统一提供良种、肥药并提供农机作业，有利于提高粮食种植质量，减轻农户经济负担；三是有了农副产品销售渠道，实现了增产增收。

四、出台对乌蒙山区国土基础设施资金投入的支持政策

作为国家新一轮扶贫开发攻坚战主战场，解决农民的生存和发展问题是乌蒙山区扶贫的根本任务。对于提升耕地质量、实现粮食高产稳产和巩固温饱成果，完善的国土基础设施是重要基础。然而，乌蒙山区国土基础设施资金投入不足是制约该片区国土基础设施建设的首要问题。应出台对乌蒙山区国土基础设施资金投入的相关支持政策，发挥政府职能，进行山、水、田、林、路综合治理，使乌蒙山区生态环境和生产生活条件得到根本改善，为稳定脱贫，致富奔小康奠定坚实的基础。

乌蒙山区地跨滇、黔、川三省，境内山高坡陡，落差较大。地貌兼具山、丘、坝类型，高原和山地二者占总面积的80%以上。片区适宜耕作的土地资源有限，植被贫瘠，地势高低悬殊，水土流失现象严重，生态环境脆弱，地块细小破碎，人地矛盾较为突出。区内由于灌排设施老化陈旧、水利设施薄弱以及坡旱地比重大等原因，耕地质量较差，加上化肥过度使用造成土壤板结严重，肥力下降，作物产量低下，严重阻碍农民增产增收。

另外，乌蒙山区地势陡峭，地形复杂，大多为高山峡谷，平坝面积相对较少。建设用地随着经济的发展不断扩张，较多的平坝地区将被占用，片区土地利用结构不合理将更为严重。乌蒙山区耕地分布零散细碎，大规模机械化操作难以开展，土地利用方式较为落，加上缺乏技术和资金投入，土地集约化程度低。乌蒙山区森林植被茂密、水系多，总体来讲降水量较为丰富。但是，由于年内年际变化和地区差异很大，降水时空分布极为不均。水资源在空间上分布不均匀的主要原因在于区内多山地丘陵，地势高差显著，雨水径流导致坡地缺水、坝田渍水的现象。水资源在时间上分布不均则因为乌蒙山区大多处于亚热带气候区，冬春季干旱，夏秋季多雨，干湿季分明，雨季大量的水资源得不到有效利用，浪费严重。近年来，由于过度放牧、过度开垦耕地和乱砍滥伐等原因，乌蒙山区林草地生态系统遭到破坏，地表裸露导致水土流失严重。此外，工业废水和城乡生活污水等排放加剧，造成河流湖泊严重污染。

针对以上问题，应出台对乌蒙山区国土基础设施资金投入的支持政策，加大，该片区基础设施的资金投入，助推脱贫致富的进程。进一步增加资金投入，用于加强实施坡耕地水土流失综合治理工程。通过“梯田＋田间生产道路＋坡面水系”的方式，以“田地治理成型、水系布局合理、道路连接成网、产业规模发展、农民收入提高、社会和谐稳定”为目标，进行山、水、田、路综合治理。以田间道路为骨架，以梯田建设为重点，与当地特色产业综合生产能力和农村产业结构调整结合，合理布置配水措施，达到灌溉自如的目的，推动农村经济社会发展，促进农民增收脱贫。

为促进乌蒙山区贫困群众脱贫，维护社会安定，需进一步加强项目的实施和对乌蒙山区国土基础设施的资金投入，推进农村产业结构和土地利用的合理化调整，提高土地生产力，减少自然灾害，加强机耕道路配套建设和田间排灌沟渠等设施的完善，改善乌蒙山区农业生产条件。同时，有效减轻自然灾害如干旱、洪涝和泥石流等造成的损失，减少泥沙对下游的危害，保护下游的坝地和耕地。

五、出台乌蒙山区扶贫的人才激励政策

打赢脱贫攻坚战，是全面建成小康社会的现实需要，也是逐步实现共同富裕目标的基础和前提，人才是脱贫攻坚的重要保障和强有力支撑。乌蒙山区应出台人才激励政策，吸引大批各类优秀人才作为扶贫工作的执行者、项目的实施者和资金使用的监管者以及持续发展的领导者，以保障扶贫工作顺利开展。

乌蒙山区由于自然条件恶劣、支柱产业相对单一、企业规模普遍较小、产业链条延伸缓慢、上下游行业配合衔接不到位等原因，难以有足额专业对口的岗位和相应的待遇留住大中专毕业返乡人才，人才改行和外流的压力很大。受根深蒂固的“学而优则仕”择业观念的影响，毕业返乡的大中专毕业生大都愿意进入行政事业单位工作，加之政府对引进人才尚未制定真正有足够吸引力的优惠政策，对高精尖技术的培育孵化机制尚未建立，造成人才总量不足、流失严重。

为切实破解乌蒙山区人才缺乏的问题，在激发内生动力的同时，出台人才到乌蒙山贫困地区的激励政策，以统筹用好外援，引导各类人才服务贫困地区，助力贫困地区内生发展。贫困地区劳动力的培训提升和外来人才引进要两手抓，既注重扶智，又注重引智，鼓励、引导人才向艰苦边远地区和基层一线流动。制定相关政策鼓励并吸引大中专毕业生、大学生村官、退伍军人、返乡农民工和能人到乌蒙山贫困地区发展。用更加优厚的待遇鼓励到贫困地区扎根服务的人才，除了制定相应的政策、提供良好的创业平台之外，还要解决他们的父母养老、子女就学等后顾之忧。力争形成一批熟悉现代农业技术、善于经营管理、勇于开拓创新，敢于迎难而上，能够示范、指导和带动地方特色产业发展的农村实用人才队伍。

同时，选派优秀干部到乌蒙山区挂职锻炼，加强脱贫攻坚政策培训，指导和帮助地方用好、用足、用活自然资源扶贫政策。为留住并用好人才，需进一步完善人才培养、吸引流动和激励保障机制，通过搭建干事创业平台，进一步畅通人才流动渠道，确保各类人才引得进、留得住、用得好。应通过加强社保、住房、子女入学以及就医等保障政策，健全人才帮扶协作机制。完善贫困地区人才激励政策，包括贫困地区事业单位公开招聘“三放宽一允许”（放宽学历、年龄、专业，允许招聘特定户籍）、贫困地区小学教师专项招聘、事业单位艰苦边远地区津贴标准正常增长机制等。加强政策扶持，帮助支持贫困地区和基层一线聚集人才。完善贫困地区事业单位公开招聘政策，对贫困县执行艰苦边远地区事业单位公开招聘政策，选拔懂乡情、能够长期扎根服务贫困地区的人才，加强对这些地区的人才智力支撑。

参考文献

［1］蔡守秋．环境资源法教程［M］．北京：高等教育出版社，2004：34.

［2］国家统计局住户调查办公室编．2011，中国农村贫困监测报告［M］．北京：中国统计出版社，2011.

［3］高向军．土地整理理论与实践［M］．北京：地质出版社，2003.

［4］共济．全国连片特困地区区域发展与扶贫攻坚规划研究［M］．北京：人民出版社，2013：29.

［5］但承龙，王群．西方国家与中国土地利用规划比较［J］．中国土地科学，2002，2：44.

［6］魏景明．美国的土地管理与利用［J］．域外土地，2002，11：43－44.

［7］柳一桥．乌蒙山连片特困区金融扶贫路径探析［J］．时代金融，2015（12）：62，64.

［8］恭元芳，李平．乌蒙山片区国土资源可持续利用策略研究——以云南会泽县为例［J］．曲靖师范学院学报，2015（11）：72－77.

［9］郑子敬．乌蒙山片区利用土地政策易地搬迁脱贫路径研究——以四川省叙永县和古蔺县为例［J］．国土资源情报，2016（11）：52－56.

［10］荀关玉．云南乌蒙山片区农业产业化扶贫绩效探析［J］．中国农业资源与区划，2017（01）：193－198.

［11］刘冬梅，王元．对片区扶贫中科技作用的若干思考［J］．中国科技坛，2012（12）：134－137.

［12］崔嵩，刘玥．连片特困地区扶贫到户项目贫困瞄准研究——基于乌蒙山片区三省六县的调研数据［J］．2015（11）：81－83，87.

［13］邢成举，葛志军．集中连片扶贫开发：宏观状况、理论基础与现实选择——基于中国农村贫困监测及相关成果的分析与思考［J］．贵州社会科学，2013（05）：123－128.

[14] 李如海．乌蒙山连片特困地区农村土地股份合作制探索——以贵州省六盘水市“三变”改革为例［J］．贵州工程应用技术学院学报，2016（06）：66－70.

[15] 李东法．国土资源部支持乌蒙山片区扶贫攻坚路径分析［J］．中国国土资源经济，2014（02）：32－35.

[16] 王震，夏英．西部集中连片贫困地区开发探讨——基于新疆洛浦县的个案分析［J］．调研世界，2012（04）：34－37.

[17] 冷志明，雷亿辉．基于新区域主义的我国连片贫困区开发研究［J］．经济地理，2011，31（04）：646－650.

[18] 李乐为，岑乾明．连片贫困地区公共产品区域协同供给研究——基于湘鄂龙山、来凤“双城一体”反贫困的新思路［J］．广西民族大学学报（哲学社会科学版），2011，33（02）：153－158.

[19] 蒋辉．集中连片特困区跨域公共事务治理模式研究——以武陵山区为例［J］．甘肃社会科学，2012（05）：228－232.

[20] 吕方．发展的想象力：迈向连片特困地区贫困治理的理论创新［J］．中共四川省委省级机关党校学报，2012（03）：112－117.

[21] 杨庆媛，周宝同，涂建军，等．西南地区土地整理的目标及模式［M］．北京：商务印书馆．2006.

[22] 谢德体．国外土地整理实践及启示［J］．国土资源，2007（9）：30－33.

[23] 邢成举，葛志军．集中连片扶贫开发：宏观状况、理论基础与现实选择——基于中国农村贫困监测及相关成果的分析与思考［J］．贵州社会科学．2013（05）．

[24] 冷志明，雷亿辉．基于新区域主义的我国连片贫困区开发研究［J］．经济地理，2011（4）．

[25] 参见《中华人民共和国国家发展和改革委员会易地扶贫搬迁“十二五”规划》

[26] 刘绍吉．滇东少数民族地区自发移民搬迁扶贫问题研究［J］．时代金融，2009（01）：127－129.

[27] 陈琦．连片特困地区农村贫困的多维测量及政策意涵——以武陵山片区为例［J］．四川师范大学学报（社会科学版）．2012（03）：58－63.

[28] 徐荟竹，车士义，罗惟丹，杜海均．公共财政、农村金融改革和可持续金融扶贫研究——基于连片特困区375个贫困县的调研分析［J］．金融发

展评论，2012（01）：114－139.

［29］刘冬梅，王元．对片区扶贫中科技作用的若干思考［J］．中国科技坛，2012（12）：134－137.

［30］周丕东，崔嵬，詹瑜，孙秋．贵州乌蒙山区农村扶贫开发对策研究［J］．贵州民族研究，2012，33（02）：63－68.

［31］钱忠好．中国农村土地承包经营权的产权残缺与重建研究［J］．江苏社会科学，2002（02）：39－47.

［32］贺振华．农户外出、土地流转与土地配置效率［J］．复旦学报（社会科学版），2006（04）：95－103.

［33］姚洋．农地制度与农业绩效的实证研究［J］．中国农村观察，1998（06）：3－12.

［34］王万茂，余庆年，赵登辉．耕地总量动态平衡的实施途径构想［J］．中国人口．资源与环境，2001（03）：64－69.

［35］张军连，李宪文，刘庆．国外市地整理模式研究［J］．中国土地科学，2003（1）：46－51.

［36］钱忠好，曲福田．中国土地征用制度：反思与改革［J］．中国土地科学，2004（05）：5－11.

［37］周建国．论农村土地征收中农地发展权的法律保护［J］．贵州农业科学，2010，38（04）．

［38］毕继业，朱道林，王秀芬．耕地保护中农户行为国内研究综述［J］．中国土地科学，2010，24（11）：77－81.

［39］蔡运龙．中国农村转型与耕地保护机制［J］．地理科学，2001（01）：1－6.

［40］王克强，刘红梅．土地对我国农民究竟意味着什么［J］．中国土地，2005（11）：10－13.

［41］牛海鹏，张安录．耕地保护的外部性及其测算——以河南省焦作市为例［J］．资源科学，2009，31（08）：1400－1408.

［42］赵华甫，张凤荣．耕地保护方向待转——从单一功能到多功能的演变交替［J］．中国土地，2010（10）：19－20.

［43］孙海兵．耕地外部效益的认知与意愿调查分析［J］．农村经济，2010（02）：24－26.

［44］王佳．内黄县耕地利用生态风险评价［D］．河南大学，2010.

[45] 谢森．吉林省农业综合开发中低产田改造项目管理研究 [D]. 吉林大学，2013.

[46] 高亚敏．南方贫困山区扶贫连片开发模式研究 [D]. 兰州大学，2010.

[47] 史峰博．秦巴山连片特困地区生态扶贫开发研究 [D]. 长安大学，2016.

[48] 郭岸英．云南国土系统真金白银扶助乌蒙 [EB/OL]. 中华人民共和国国土资源部网站（http：//www. mlr. gov. cn），2017 –06 –11.

[49] 王少勇．国土资源部出台15项政策支持乌蒙山片区发展 [EB/OL]. 中华人民共和国国土资源部网站（http：//www. mlr. gov. cn），2014 –12 –05.

[50] 仲大军．乌蒙山特困地区调研报告 [EB/OL]. 中国减贫与发展网（http：//jianpincn. ssap. com. cn），2015 –09 –02.

[51] 秦博．国土资源管理支持乌蒙山片区扶贫的思考与实践 [EB/OL]. 中国扶贫网（http：//www. jingzhunfupin. com），2015 –08 –04.

[52] Van Dijk，T.，2000. Effects of land consolidation in practice analysis of post – war experience in The Netherlands. In：Fendel，E. M.（Ed.），Proceedings of the 22nd Urban and Regional Data Management Symposium—Seminar on Land Markets and Land Consolidation in Central Europe. TU Delft，2000.

[53] G. Van Huylenbroeck，J. Castro Coelho，P. A. Pinto. Evaluation of Land Consolidation Projeets（LCPs）：a multidisciplinary approach Journal of Rural Studies，1996：297 –310.

[54] Van den Brink，A. Sustainable development and land consolidation. In：Dixon – Gough，R. W.（Ed.），Land Reform and Sustainable Development. Ashgate，Aldershot，1999：61 –68.

[55] Van Lier，H. N. Land use planning and land consolidation in the future in Europe. Zeitschrift für Kulturtechnik und Landentwicklung，2000，41（3）：138 –14.

[56] Crecente，R.，Alvarez，C.，Fra，U. Economic，social and environmental impact of land consolidation in Galicia. Land Use Policy，2002，19，135 –147.

[57] Gonzalez X. P.，Alvarez C. J.，Crecente R，Evaluation of land distributions with joint regard to plot size and shape. Agricultural Systems，2004，82：31 –43.

[58] Deininger, K., Sarris, A., Savastano, S. Rural land markets in transition: evidence from six Eastern European Countries. Quarterly Journal of International Agriculture, 2004, 43: 361 -390.

[59] Lerman, Z., Cimpoies, D. Land consolidation as a factor for rural development in Moldova. Europe - Asia Studies, 2006, 58: 439 -455.

[60] Lerman, Z., Shagaida, N. Land policies and agricultural land markets in Russia. Land Use Policy, 2007, 24: 14 -23.

[61] E. YAaslioglu, S. T. Akkaya Aslan, M. Kirkikil, K. S. Gundogdu & I. Arici. Changes in farm management and agricultural activities and their effect on farmers' satisfaction from land consolidation: The case of Bursa Karacabey, Turkey. European Planning Studies, 2009, 17 (2).

[62] J. Castro Coelho, P. Aguiar Printo, L. Mira da Silva. A system approach for the estimation of the effects of Land Consolidation Projeets (LCPs): a model and its application. Agricultural Systems, 2001 (68): 179 -195.

[63] Niroula G. S., Thapa G. B. Impacts and causes of land fragmentation, and lessons learned from land consolidation in South Asia. Land Use Policy, 2005, 22: 358 -372.

[64] Miranda D., Creeente R., Alvarez M. F. Land consolidation in inland rural Galieia, N. W. Spain, since 1950; an example of the formulation and use of questions, criteria and indicators for evaluation of rural development policies. Land Use Policy, 2006, 23: 511 -520.

[65] Njoh A. J. The role and goals of the state in urban development in Niger. Habitat International, 2006, 30: 540 -557.

[66] Bullard, R. K. Land consolidation: the rural technique for land reform. In Papers of the International Congress on Agrarian Reform and Rural Development. Ankara, 1992: 279 -291.

[67] Machito Mihara. Effects of agricultural land consolidation on erosion processes in semi - Mountainous paddy fields of Japan. Journal of Agricultural Engineering Research, 1996, 64 (3): 237 -247.

[68] AlcknaviCius A., Augutienė J. Land consolidation - a need for competitive farms formation. Agricultural sciences. Transactions, 2004, 4: 114 -119.

[69] Bonfanti, P., Fregonese, A. & Sigura, M. (1997) Landscape analy-

sis in areas affected by land consolidation, Landscape and Urban Planning, 37 (1 -2), pp. 91 -98.

[70] Borec, A. (2000) The significance of land consolidation for the development of farmland in Slovenia then and now. Berichte Uber Landwirtschaft, 2000, 78 (2): 320 -334.

[71] Eichenauer, M., Joeris, D. The historical relationship between land consolidation and nature conservation (in German). Berichte Uber Landwirtschaft, 1994, 72 (3): 329 -450.

[72] Gorton, M., White, J. The politics of agrarian collapse: decollectivisation in Moldova. East European Politics and Societies, 2003, 17 (2): 305 -331.

[73] Sklenicka, P. Applying evaluation criteria for the land consolidation effect to three contrasting study areas in the Czech Republic. Land Use Policy, 2006, 23: 502 -510.

[74] P. Bonfanti, A., Fregonese, M. Sigura. Landscape Analysis in Areas Affected by Land Consolidation. Landscape and Urban Planning, 1997 (37): 91 -98.

[75] Monke, E., Aviller, F., Ferro, M. Consolidation policies and small-farm agriculture in northwest Portugal. European Review of Agricultural Economics, 1992, 19: 67 -83.

[76] Goodale, M. R., Sky, P. K. Owner' s relationships to property and land consolidation: a social approach. Kart Og Plan, 1998, 4, 264 -268.

[77] Janssen, R., Rietveld, P. Multicriteria evaluation of land-reallotment plans: a case study. Environment and Planning A, 1985, 17, 1653 -1668.

[78] Van den Noort, P. C. Land consolidation in The Netherlands. Land Use Policy 5, 1987: 11 -13.

[79] Van Huylenbroeck, G., Martens, L. The average value ranking multi -criteria method for project evaluation in regional planning. European Review of Agricultural Economics, 1992, 19, 237 - 252.

[80] Van Huylenbroeck, G., Coelho, J., Pinto, P. A. Evaluation of land consolidation projects (LCP): a multidisciplinary approach. Journal of Rural Studies, 1996, 12 (3), 297 -310.

[81] FAO. The design of land consolidation pilot projects in central and eastern

europe. FAO Land Tenure Studies 6, 2003, 58.

[82] Tashion Yomralioglu, David Parker. A GIS - based land readjustment system for urban development. Fourth European Conference on Geographical Information Systems in Genoa, EGIS' 93 Conference Proceedings, 1993, 1: 372 -379.

[83] Lusho, S. , Papa, D. Land fragmentation and consolidation in Albania. Albania Series. Working Paper 25. University of Wisconsin—Madison, Madison, 1998.

[84] Binns. Bernard, O. General. The consolidation of fragmented agricultural holdings. Food & Agricultural Organization of the United States. Washington. SePt. 1950.

[85] Sonnenberg, J. The European dimensions and land management—policy lssues (Land readjustment and land consolidation as tools for development) . Land Management in the Process of Transition. FIG Commission 7, Budapest, 1996.

后　记

本研究得以顺利完成的原因，首先是云南农业大学国土开发研究中心余建新教授团队的倾情邀请，其次是自然资源部科技司的立项支持，还有就是相关调研单位的配合和资料共享，尤其是案例村的村干部和村民的帮助，他们不仅完成了国土开发扶贫的系列任务，还从他们的视角向我们展示了这些扶贫工作的成效和影响，为我们的研究结果提供了强有力的支撑。本项目由云南农业大学原党委书记张海翔教授负责指导，本书具体的分工是：赵鸭桥负责统一构思、主要观点提炼和前言后记，周铝负责第一章和第二章，李学坤、马佳莉、伍学媚负责第三章，王奇、金璟负责第四章和第五章，赵梅负责第六章。本书得到了吴垠老师在设计和编辑方面的专业建议，并最终得以出版，特此一并感谢。